Siegbert Eisermann

Jesu, deine Passion will ich jetzt bedenken ...

Siegbert Eisermann

Jesu, deine Passion will ich jetzt bedenken ...

Drei Andachtsreihen zur Passion Jesu mit Gebeten aus der Agende der Evangelischen Kirche Kurhessen-Waldeck

Fromm Verlag

Impressum/Imprint (nur für Deutschland/ only for Germany)
Bibliografische Information der Deutschen Nationalbibliothek: Die Deutsche Nationalbibliothek verzeichnet diese Publikation in der Deutschen Nationalbibliografie; detaillierte bibliografische Daten sind im Internet über http://dnb.d-nb.de abrufbar.
Alle in diesem Buch genannten Marken und Produktnamen unterliegen warenzeichen-, marken- oder patentrechtlichem Schutz bzw. sind Warenzeichen oder eingetragene Warenzeichen der jeweiligen Inhaber. Die Wiedergabe von Marken, Produktnamen, Gebrauchsnamen, Handelsnamen, Warenbezeichnungen u.s.w. in diesem Werk berechtigt auch ohne besondere Kennzeichnung nicht zu der Annahme, dass solche Namen im Sinne der Warenzeichen- und Markenschutzgesetzgebung als frei zu betrachten wären und daher von jedermann benutzt werden dürften.

Contact:
International Book Market Service Ltd., 17 Rue Meldrum, Beau Bassin, 1713-01 Mauritius
Website: www.bookmarketservice.com
Email: info@bookmarketservice.com

Gedruckt in: USA, UK, Deutschland. Dieses Buch wurde nicht in Mauritius produziert.

Imprint (only for USA, GB)
Bibliographic information published by the Deutsche Nationalbibliothek: The Deutsche Nationalbibliothek lists this publication in the Deutsche Nationalbibliografie; detailed bibliographic data are available in the Internet at http://dnb.d-nb.de.
Any brand names and product names mentioned in this book are subject to trademark, brand or patent protection and are trademarks or registered trademarks of their respective holders. The use of brand names, product names, common names, trade names, product descriptions etc. even without a particular marking in this works is in no way to be construed to mean that such names may be regarded as unrestricted in respect of trademark and brand protection legislation and could thus be used by anyone.

Contact:
International Book Market Service Ltd., 17 Rue Meldrum, Beau Bassin, 1713-01 Mauritius
Website: www.bookmarketservice.com
Email: info@bookmarketservice.com

Printed in: U.S.A., U.K., Germany. This book was not produced in Mauritius.

ISBN: 978-3-8416-0087-5

Siegbert Eisermann

Jesu,

deine Passion will ich jetzt bedenken ...

- Sechs Andachten zu den **liturgischen Texten**
- Sechs Andachten zu **Passionsgestalten**
- Sechs Andachten zum **Passionsweg Jesu**

Inhaltsverzeichnis

Einleitung

Gott **"hat seinen Engeln befohlen, dass sie dich behüten auf allen deinen Wegen, dass sie dich auf Händen tragen und du deinen Fuß nicht an einen Stein stoßest ..."** (Psalm 91,12) . Das war die Erwartung. Aber auch dies galt: **"... verflucht sei jedermann, der am Holze hanget ..."** (Gal 3.13). Wie aber ist dann zu verstehen, dass der, der von seinen Freunden als Christus, als Heiliger Gottes erkannt wurde, **"solches leidet"**?(Lukas 24,26) Wie kann der Dornengekrönte, der Messias sein? Das war von Anbeginn die Ausgangsfrage, unter der Jesusworte und Jesuserzählungen gesammelt und zusammengestellt wurden. Der Ausleger hat recht, wenn er formuliert, dass die Evangelien *"Passionserzählungen mit ausführlicher Einleitung sind".* (Martin Dibelius) In diesen Passionserzählungen umkreisten die ersten Zeugen das widersprüchliche, das paradoxe Kreuzes-Geschehen. Als Kenner der Schriften fanden sie in den rätselhaften Knecht-Gottes-Liedern, die der Prophet Jesaja überliefert, eine Antwort: **"Fürwahr, er trug unsere Krankheit und lud auf sich unsere Schmerzen. Wir aber hielten ihn für den, der geplagt und von Gott geschlagen und gemartert wäre. Aber er ist um unserer Missetat willen verwundet und um unserer Sünden willen geschlagen. Die Strafe liegt auf ihm, auf dass wir Frieden hätten, und durch seine Wunden sind wir geheilt ..."** (Jes. 53,4-5) Nun konnten sie bezeugen: Der am Kreuz Gestorbene ist nicht verflucht. In ihm hat sich Gott selbst für uns hingegeben. So wurde das Kreuz Erkennungszeichen der ersten Christen. Oder es war in Verfolgungszeiten das Symbol des Fisches, griechisch ICHTHYS. Auch dieses Symbol weist letztlich auf die Leidensgeschichte Jesu, auf das Kreuz. ICHTHYS steht für: **J**esous **Ch**ristos **Th**eou **Y**ios **S**oter, übersetzt: Jesus-Christus, Sohn Gottes, Heiland-Erlöser.

Es machte Sinn, dass die Christenheit vor allen Dingen in der Passionszeit das Leiden und Sterben Jesu bedachte, Sinn, dass sie zusammenkamen, beteten und sangen: *"Jesu, deine Passion will ich jetzt bedenken ..."* (Sigmund von Birken, EG 88), dass sie an zentraler Stelle in ihren Kirchen das Kreuz aufrichteten und dass sie das Passionsgeschehen im Kreuzgang illustrierten, damit es bedacht, meditiert wurde.

Wenn ich es recht wahrnehme, schwindet unter uns die Tradition dieser regelmäßigen und ausführlichen Betrachtung der Leidensgeschichte. In nur noch wenigen Gemeinden wird zu wöchentlichen Passionsandachten eingeladen.

In diesem vorliegenden Buch finden Sie in drei Reihen jeweils sechs (in der 3. Reihe sieben) Andachten, die durch liturgische Texte und Gebete aus der Agende der Evangelischen Kirche Kurhessen-Waldeck ergänzt wurden:

1. Reihe:
Wir bedenken den **Liturgischen Zusammenhang** aus Wochenspruch, Lesung aus der jüdischen Bibel, dem Alten Testament und aus dem Evangelium des Passionssonntags

2. Reihe:
Wir betrachten **Personen** aus den Passionserzählungen

3. Reihe:
Wir betrachten verschiedene **Stationen des Passionsweges**

Ich wünsche den Lesern, dass sie durch das Lesen und Betrachten der biblischen Texte, durch das Singen oder Lesen der Lieder und durch das Nachsprechen der Gebete erneut in den Gebetsruf des Liederdichters einstimmen werden:

Aber laß mich nicht allein deine Marter sehen, laß mich auch die Ursach fein und die Frucht verstehen. Ach die Ursach war auch ich, ich und meine Sünde, diese hat gemartert dich, dass ich Gnade finde.

(Sigmund von Birken, EG 88,3)

Hattingen/Ruhr, Karwoche 2011

Siegbert Eisermann

Die Passionsandacht

Vorspruch:

In Jesu Namen. Amen

Gebet

Liedvers:

Jesu, deine Passion will ich jetzt bedenken; wollest mir vom Himmelsthron Geist und Andacht schenken. In dem Bilde jetzt erschein, Jesu, meinem Herzen, wie du, unser Heil zu sein, littest alle Schmerzen.

Wochenpsalm

Christe, du Lamm Gottes, der du trägst die Sünd der Welt, *erbarm dich unser.*
Christe, du Lamm Gottes, der du trägst die Sünd der Welt, *erbarm dich unser.*
Christe, du Lamm Gottes, der du trägst die Sünd der Welt, *gib uns deinen Frieden.*

WOCHENSPRUCH

BIBELWORT(E)

BETRACHTUNG

FÜRBITTENGEBET

Gemeindelied:

Gebetsstille

Vater unser im Himmel. Geheiligt werde dein Name. Dein Reich komme. Dein Wille geschehe, wie im Himmel so auf Erden. Unser tägliches Brot gib uns heute. Und vergib uns unsere Schuld, wie auch wir vergeben unseren Schuldigern. Und führe uns nicht in Versuchung, sondern erlöse uns von dem Bösen. Denn dein ist das Reich und die Kraft und die Herrlichkeit in Ewigkeit. Amen.

Gemeinde:

Wir danken dir, Herr Jesu Christ, daß du für uns gestorben bist und hast uns durch dein teures Blut gemacht vor Gott gerecht und gut.

Segen

Der Herr segne dich und behüte dich, der Herr lasse sein Angesicht leuchten über dir und sei dir gnädig, der Herr hebe sein Angesicht über dich und gebe dir Frieden.

Erste Reihe:
Liturgische Zusammenschau: 1 – Wir gehen hinauf nach Jerusalem

Vorspruch:

In Jesu Namen. Amen

Allmächtiger, barmherziger Vater,
du willst uns deine Kraft erfahren lassen in Kreuz und Leid. Wir bitten dich: Mach dein Wort in uns kräftig, damit wir in der Zeit des Leides nicht erliegen, sondern getröstet werden und mitten im Tod das Leben empfangen.
Durch unseren Herrn Jesus Christus, deinen Sohn, der mit dir und dem Heiligen Geist lebt und regiert von Ewigkeit zu Ewigkeit.

Ach Herr, strafe mich nicht in deinem Zorn
und züchtige mich nicht nach deinem Grimm.
Herr, sei mir gnädig, denn ich bin schwach;
Heile mich Herr, denn meine Gebeine sind erschrocken,
und meine Seele ist sehr erschrocken.
Ach du, Herr, wie lange?
Wende dich,Herr, und errette meine Seele;
hilf mir um deiner Güte willen.
Derr Herr hört mein Flehen;
mein Gebet nimmt der Herr an.

WOCHENSPRUCH

Seht, wir gehen hinauf nach Jerusalem, und es wird alles vollendet werden, was geschrieben ist durch die Propheten von dem Menschensohn.

Lk 18,31

Amos 5,21-24

Ich bin euren Feiertagen gram und verachte sie und mag eure Versammlungen nicht riechen. Und wenn ihr mir auch Brandopfer und Speisopfer opfert, so habe ich kein Gefallen daran und mag auch eure fetten Dankopfer nicht ansehen. Tu weg von mir das Geplärr deiner Lieder; denn ich mag dein Harfenspiel nicht hören! Es ströme aber das Recht wie Wasser und die Gerechtigkeit wie ein nie versiegender Bach.

Und er fing an, sie zu lehren: Der Menschensohn muß viel leiden und verworfen werden von den Ältesten und Hohenpriestern und Schriftgelehrten und getötet werden und nach drei Tagen auferstehen. Und er redete das Wort frei und offen. Und Petrus nahm ihn beiseite und fing an, ihm zu wehren. Er aber wandte sich um, sah seine Jünger an und bedrohte Petrus und sprach: Geh weg von mir, Satan! Denn du meinst nicht, was göttlich, sondern was menschlich ist. Und er rief zu sich das Volk samt seinen Jüngern und sprach zu ihnen: Wer mir nachfolgen will, der verleugne sich selbst und nehme sein Kreuz auf sich und folge mir nach. Denn wer sein Leben erhalten will, der wird's verlieren; und wer sein Leben verliert um meinetwillen und um des Evangeliums willen, der wird's erhalten. Denn was hülfe es dem Menschen, wenn er die ganze Welt gewönne und nähme an seiner Seele Schaden? Denn was kann der Mensch geben, womit er seine Seele auslöse? Wer sich aber meiner und meiner Worte schämt unter diesem abtrünnigen und sündigen Geschlecht, dessen wird sich auch der Menschensohn schämen, wenn er kommen wird in der Herrlichkeit seines Vaters mit den heiligen Engeln.

So, wie wir Tag für Tag Losung und Lehrtext hören und bedenken, so wollen wir in den Passionswochen zunächst gemeinsam die alt - und neutestamentliche Lesung zusammen mit dem Wochenspruch hören und bedenken.

Zu Beginn der Passion die Ankündigung des Leidens als Jesuswort: **Seht, wir gehen hinauf nach Jerusalem, und es wird alles vollendet werden, was geschrieben ist durch die Propheten von dem Menschensohn.**

Wer zu Jesus gehört soll wissen, worauf er sich einlässt. Der Weg mit Jesus ist kein fröhlicher Sonntagsspaziergang. Jesu Ziel ist Jerusalem, ist Golgatha, der Galgenberg, ist Passion, Leid und Tod. Darauf stellt Jesus seine Jünger, darauf stellt Jesus uns ein in klaren, in unzweideutigen Worten:

Der Menschensohn muß viel leiden und verworfen werden von den Ältesten und Hohenpriestern und Schriftgelehrten und getötet werden und nach drei Tagen auferstehen.

Jesus sagt auch, dass unser Weg der Nachfolge seinem ähnlich sein wird. Jesu Weg müssen wir nicht gehen. Sein Kreuz müssen wir nicht tragen. Aber davor sollten wir unsere Augen nicht verschließen: Jeder von uns wird seinen Leidensweg gehen müssen; jeder von uns hat sein Kreuz, das er tragen muss. Nachfolge, weiß Gott, kein Sonntagsspaziergang:

Wer mir nachfolgen will, der verleugne sich selbst und nehme sein Kreuz auf sich und folge mir nach. Denn wer sein Leben erhalten will, der wird's verlieren; und wer sein Leben verliert um meinetwillen und um des Evangeliums willen, der wird's erhalten.

Da wird zuweilen mitten unter uns gefragt: Wie kann man die Jugend in die Kirchen locken. Wie können wir die Kirche attraktiver, einladender, freundlicher und offener gestalten? So wird angefragt, weil die Werbung mitten unter uns so und nur so funktioniert: Sie verspricht Gutes und Leichtes und Freundliches und viel Glück und Bewunderung für den, der dies oder das Produkt erwirbt.

Warum lernt Kirche nicht von der Werbung, warum macht sie es nicht auch so?, wird gefragt. Warum wir als Kirche gut beraten sind, es nicht so zu machen, sagt Jesus. Der Weg der Nachfolge, der Weg der Kirche ist eben kein fröhlicher Sonntagsspaziergang. Jesus stellt seine Jünger, Jesus stellt uns Nachfolger/innen nicht auf viel Gutes, Leichtes, Freundliches, nicht auf Bewunderung für jeden ein. Jesus sagt, was uns erwartet:

Wer mir nachfolgen will, der verleugne sich selbst und nehme sein Kreuz auf sich und folge mir nach. Denn wer sein Leben erhalten will, der wird's verlieren; und wer sein Leben verliert um meinetwillen und um des Evangeliums willen, der wird's erhalten.

Das ist nicht nur gegen den Trend gesagt, den erfolgreiche Werbung mitten unter uns verspricht. Das ist gegen jeden gesunden Menschenverstand gesprochen. Petrus ist solch einer, der das frei und ungeschminkt sagt, was ihm, was uns allen nicht passt: **Und Petrus nahm ihn beiseite und fing an, ihm zu wehren.** Petrus sagt: Nein! Kein Leiden. Triumph wollen wir. Kämpfen ja, aber der Siegespreis muss uns winken. Einsatz ja, aber es muss schon mit Erfolg gekrönt sein.

Wie schroff reagiert darauf Jesus! **Jesus aber wandte sich um, sah seine Jünger an und bedrohte Petrus und sprach: Geh weg von mir, Satan! Denn du meinst nicht, was göttlich, sondern was menschlich ist.**

Der Jünger, dem Jesus vertraut und der später seine Nachfoge antreten soll, wird Satan, wird Teufel, wird großer Durcheinanderbringer genannt. Zugegeben Petrus, das ist menschlich, das ist nachvollziehbar und verständlich, dass jeder, der das Leben liebt, sich gegen Passion und Leiden wehrt. Aber Jesu Weg ist der Weg des Leidens, seine Bestimmung ist, diesen Weg zu gehen und diesen Kelch zu trinken. Hindere Jesus nicht daran, diesen Weg zu gehen. Es ist der Weg seiner Bestimmung. Wer Jesus daran hindert, wird ihm zum Satan.

Der biblische Text aus der hebräischen Bibel, dem Alten Testament, aus dem Prophetenbuch Amos stellt zwei Lebens - und Gottesdienstarten nebeneinander:
Als Amos lebte, konnte er beobachten, dass die Gottesdienste gut besucht waren. Es wurde gerne und ausgiebig gefeiert, gebetet und gesungen, psalmodiert und getanzt. Gottesdienste waren berauschte Feste. Opferfeste vom Feinsten. Jubelchöre in nie dagewesenen Größen. Solche Gottesdienste taten der eigenen Seele gut. Sie vermittelten das Gefühl, ganz toll zu sein!
Amos fuhr dazwischen: **"So spricht der Herr: Ich bin euren Feiertagen gram und verachte sie und mag eure Versammlungen nicht riechen. Und wenn ihr mir auch Brandopfer und Speisopfer opfert, so habe ich kein Gefallen daran und mag auch eure fetten Dankopfer nicht ansehen. Tu weg von mir das Geplärr deiner Lieder; denn ich mag dein Harfenspiel nicht hören!"**
Warum? Ihr feiert Gottesdienst, aber diese Gottesdienste feiern euch selbst: euere Selbstgefälligkeit wird besungen und verehrt, eure geschundene Seele soll im Rausch reingewaschen und euere blutbefleckten Händen sollen durch das Opferblut übertüncht werden. Ihr tut nur, was menschlich ist; was menschlich durchaus verständlich ist. Gott aber will anderes: **Es ströme aber das Recht wie Wasser und die Gerechtigkeit wie ein nie versiegender Bach.**
Geht diesen Weg. Setzt euch ein für die, die betrogen und geschunden wurden, setzt euch ein für Gerechtigkeit und sorgt dafür, dass alle von dem bekommen, was alle gemeinsam geschaffen haben. Und dann feiert Gottesdienste. Dann singt. Dann betet. Dann laßt euch zusprechen, dass Gott euch eure Sünden vergibt und euch weiterhilft auf dem Weg durch dieses Leben.
Wochenspruch, alt - und neutestamentliche Lesung, darin sind sie gleich:
Sie stellen uns vor Augen, dass der Weg der Nachfolge kein fröhlicher Sonntagsspaziergang ist. Gott will uns. Will unseren Einsatz. Jesus will nicht bewundert werden: Jesus will, dass wir ihm mit unserem Kreuz nachfolgen auf dem Weg der Liebe und des Rechts. Dieser Weg ist nicht der Weg der Erfüllung menschlicher, allzu menschlicher Träume und Wünsche. Der Weg der vor uns liegt, ist der Weg, der dem Leiden nicht ausweicht:
Seht, wir gehen hinauf nach Jerusalem, und es wird alles vollendet werden, was geschrieben ist durch die Propheten von dem Menschensohn.

Gemeindelied: Lasset uns mit Jesus ziehen... EG 384,1-4

FÜRBITTENGEBET

Jesus, Herr und Bruder,
du bist den Weg des Leidens gegangen,
um Liebe in uns zu wecken,
du öffnest uns Blinden die Augen dafür,
daß wir eigensüchtig und träge sind.
Hilf uns tragen, was man uns auflädt,
hilf uns kämpfen gegen Unrecht und Lüge -
bei uns und in unserer Umwelt,
hilf uns Liebe üben -
in der Hoffnung, daß sie alles Böse überwindet.
Wir bitten, Herr, um deinen Geist.
Stärke und erneuere uns,
wandle unsere Herzen und Sinne,
daß wir der Zukunft trauen,
in die du uns führen willst.
Hilf allen Menschen, die leiden,
besonders denen,
die heimatlos, gefangen,
gefoltert und verfolgt sind.
Sei bei ihnen in ihrer Angst und Not,
stärke und tröste sie;
laß sie nicht verzweifeln,
sondern neuen Mut finden.
Herr, hilf uns und allen Menschen,
deiner guten Schöpfung zu dienen;
laß uns als deine Mitarbeiter und Mitarbeiterinnen
im Vertrauen zu dir deiner Liebe entsprechen.

Gebetsstille

Vaterunser

Segen

Liturgische Zusammenschau: 2 – Die Werke des Teufels zerstören

Vorspruch:

In Jesu Namen. Amen

Herr Gott, himmlischer Vater, du hast deinen Sohn in die Welt gesandt, dass er die Macht des Bösen besiege. Wir bitten dich: Stärke uns in aller Anfechtung, dass wir in seiner Kraft dem Feind widerstehen, ihn durch dein Wort überwinden. Durch ihn, unseren Herrn Jesus Christus, der mit dir und dem Heiligen Geist lebt und regiert von Ewigkeit zu Ewigkeit.

Wohl dem, dem die Übertretungen vergeben sind,
dem die Sünde bedeckt ist !
Wohl dem Menschen, dem der Herr die Missetat nicht zurechnet,
in des Geist kein Falsch ist !
Denn da ich's wollte verschweigen,
verschmachteten meine Gebeine durch mein täglich Heulen.
Darum bekannte ich dir meine Sünde
und verhehlte meine Missetat nicht.
Ich sprach: Ich will dem Herrn meine Übertretungen bekennen.
Da vergabst du mir die Missetat meiner Sünde.
Du bist mein Schirm; du wirst mich vor Angst behüten,
dass ich errettet, gar fröhlich rühmen kann.

WOCHENSPRUCH

Dazu ist erschienen der Sohn Gottes, dass er die Werke des Teufels zerstöre.

1. Joh 3,8

1. Mose 3,1-19

Aber die Schlange war listiger als alle Tiere auf dem Felde, die Gott der HERR gemacht hatte, und sprach zu dem Weibe: Ja, sollte Gott gesagt haben: ihr sollt nicht essen von allen Bäumen im Garten? Da sprach das Weib zu der Schlange: Wir essen von den Früchten der Bäume im Garten; aber von den Früchten des Baumes mitten im Garten hat Gott gesagt: Esset nicht davon, rühret sie auch nicht an, dass ihr nicht sterbet! Da sprach die Schlange zum Weibe: Ihr werdet keineswegs des Todes sterben, sondern Gott weiß: an dem Tage, da ihr davon esset, werden eure Augen aufgetan, und ihr werdet sein wie Gott und wissen, was gut und böse ist. Und das Weib sah, dass von dem Baum gut zu essen wäre und dass er eine Lust

für die Augen wäre und verlockend, weil er klug machte. Und sie nahm von der Frucht und aß und gab ihrem Mann, der bei ihr war, auch davon, und er aß. Da wurden ihnen beiden die Augen aufgetan, und sie wurden gewahr, dass sie nackt waren, und flochten Feigenblätter zusammen und machten sich Schurze. Und sie hörten Gott den HERRN, wie er im Garten ging, als der Tag kühl geworden war. Und Adam versteckte sich mit seinem Weibe vor dem Angesicht Gottes des HERRN unter den Bäumen im Garten. Und Gott der HERR rief Adam und sprach zu ihm: Wo bist du? Und er sprach: Ich hörte dich im Garten und fürchtete mich; denn ich bin nackt, darum versteckte ich mich. Und er sprach: Wer hat dir gesagt, dass du nackt bist? Hast du nicht gegessen von dem Baum, von dem ich dir gebot, du solltest nicht davon essen? Da sprach Adam: Das Weib, das du mir zugesellt hast, gab mir von dem Baum, und ich aß. Da sprach Gott der HERR zum Weibe: Warum hast du das getan? Das Weib sprach: Die Schlange betrog mich, so dass ich aß. Da sprach Gott der HERR zu der Schlange: Weil du das getan hast, seist du verflucht, verstoßen aus allem Vieh und allen Tieren auf dem Felde. Auf deinem Bauche sollst du kriechen und Erde fressen dein Leben lang. Und ich will Feindschaft setzen zwischen dir und dem Weibe und zwischen deinem Nachkommen und ihrem Nachkommen; der soll dir den Kopf zertreten, und du wirst ihn in die Ferse stechen. Und zum Weibe sprach er: Ich will dir viel Mühsal schaffen, wenn du schwanger wirst; unter Mühen sollst du Kinder gebären. Und dein Verlangen soll nach deinem Manne sein, aber er soll dein Herr sein. Und zum Manne sprach er: Weil du gehorcht hast der Stimme deines Weibes und gegessen von dem Baum, von dem ich dir gebot und sprach: Du sollst nicht davon essen -, verflucht sei der Acker um deinetwillen! Mit Mühsal sollst du dich von ihm nähren dein Leben lang. Dornen und Disteln soll er dir tragen, und du sollst das Kraut auf dem Felde essen. Im Schweiße deines Angesichts sollst du dein Brot essen, bis du wieder zu Erde werdest, davon du genommen bist. Denn du bist Erde und sollst zu Erde werden. Und Adam nannte sein Weib Eva; denn sie wurde die Mutter aller, die da leben. Und Gott der HERR machte Adam und seinem Weibe Röcke von Fellen und zog sie ihnen an. Und Gott der HERR sprach: Siehe, der Mensch ist geworden wie unsereiner und weiß, was gut und böse ist. Nun aber, dass er nur nicht ausstrecke seine Hand und breche auch von dem Baum des Lebens und esse und lebe ewiglich! Da wies ihn Gott der HERR aus dem Garten Eden, dass er die Erde bebaute, von der er genommen war. Und er trieb den Menschen hinaus und ließ lagern vor dem Garten Eden die Cherubim mit

dem flammenden, blitzenden Schwert, zu bewachen den Weg zu dem Baum des Lebens.

Jesu Weg - ein Weg des Leidens, ein Passionsweg. Petrus, wir hörten es, fuhr dazwischen: **Das geschehe dir nur nicht**! Jesus wehrte ihm: **Du Satan! Du denkst was menschlich ist!** Jesus sagt: Ich **muss** diesen Weg gehen.
In dieser 2. Passionswoche erhalten wir eine Antwort, warum Jesus diesen Weg des Leidens gehen muss: **Dazu ist erschienen der Sohn Gottes, dass er die Werke des Teufels zerstöre.**
Jesus gekommen, damit das teuflische Treiben ein Ende findet. Gott will nicht, dass der Teufel, der große Durcheinanderbringer, mit seinen zerstörerischen Kräften mitten unter uns sein Unwesen treibt. Gott will nicht, dass ein jeder von uns zwischen dem was gut ist, also zwischen dem, was von Gott kommt und unserer Bestimmung entspricht und dem, was schlecht ist, was zerstörerisch wirkt, zerrissen wird.
Das Evangelium dieser Woche zeigt, dass jeder, der das Licht dieser Welt erblickte in diesen teuflischen Strudel hinein gerissen wird. Selbst Jesus wurde, so erzählen die Evangelisten **"in die Wüste geführt, damit er von dem Teufel versucht würde."**
Wie der Teufel aussieht? Wir wissen es nicht. Was dagegen teuflische Versuchung ist, das wird uns – sowohl im Alten als auch im Neuen Testament – mit drastischen Bildern vor Augen gemalt. Teuflische Versuchung ist, dem Wort des Guten, dem Wort Gottes keinen Glauben schenken. Teuflisch ist Gott selbst in Frage zu stellen.
Sollte Gott wirklich gesagt haben? Ist das nicht ganz anders gemeint? Wer könnte dahinter stecken?
Wir kennen die Zweifel und Rückfragen.
In der Versuchungsgeschichte Jesu, dem Evangelium des ersten Passionssonntags, argumentiert der Versucher höchst theologisch. Er gibt sich als bibelfester Gesprächpartner zu erkennen.
Und der Versucher trat zu ihm und sprach: Bist du Gottes Sohn, so sprich, dass diese Steine Brot werden. Er aber antwortete und sprach: Es steht geschrieben: »Der Mensch lebt nicht vom Brot allein, sondern von einem jeden Wort, das aus dem Mund Gottes geht.« Da führte ihn der Teufel mit sich in die heilige Stadt und stellte ihn auf die Zinne des Tempels und sprach zu ihm: Bist du Gottes Sohn, so wirf dich hinab; denn es steht geschrieben: »Er wird seinen Engeln deinetwegen Befehl geben; und sie werden dich auf den Händen tragen, damit du deinen Fuß nicht an einen Stein stößt.« Da sprach Jesus zu ihm: Wiederum steht auch geschrieben: »Du sollst den Herrn, deinen Gott, nicht versuchen.« Darauf führte ihn

der Teufel mit sich auf einen sehr hohen Berg und zeigte ihm alle Reiche der Welt und ihre Herrlichkeit und sprach zu ihm: Das alles will ich dir geben, wenn du niederfällst und mich anbetest. Da sprach Jesus zu ihm: Weg mit dir, Satan! Denn es steht geschrieben: »Du sollst anbeten den Herrn, deinen Gott, und ihm allein dienen.« Da verließ ihn der Teufel. Und siehe, da traten Engel zu ihm und dienten ihm.

So zerstört Jesus die Werke des Teufels. So und nur so ist der, der uns zunächst verunsichern, dann durcheinanderbringen und schließlich von Gott entzweien will, zu bezwingen: **Da sprach Jesus zu ihm: Weg mit dir, Satan! Denn es steht geschrieben: »Du sollst anbeten den Herrn, deinen Gott, und ihm allein dienen.« Da verließ ihn der Teufel. Und siehe, da traten Engel zu ihm und dienten ihm.**

Was Jesus tat? Jesus beruft sich auf das erste Gebot. Jesus gibt Gott und nur Gott die Ehre. Jesus lässt nicht zu, dass ein anderer, mag er noch so fromm schwätzen oder noch so spitzfindig argumentieren, Raum bekommt. **"Weg von mir Satan ... Du sollst anbeten den Herrn, deinen Gott, und ihm allein dienen."**

Aber damit endet der Weg Jesu noch nicht. Was kommt ist eine weitere, immerwährende Versuchungsgeschichte. So ist das mit uns Menschen auf dieser Erde. Noch nie ist einem Menschen gelungen mit einem Rundumschlag den Feind ein für allemal in die Wüste zu schicken. Der, der uns durcheinander und von Gott entzweien willl, er kommt wieder.

In immer neuen Gestalten kommt er. Kommt wieder mit immer neuen Anfragen und Versuchungen. Selbst im Taufwasser lässt er sich nicht ertränken, *"das Biest kann schwimmen"*, sagt Luther, der Reformator. So hört es in unserem Leben nicht auf, dass wir hin - und hergezerrt werden, hört nicht auf, dass wir uns entscheiden müssen.

Wir werden bald wieder betrachten, wie Jesus in Gethsemane im Gebet um seinen Weg ringt. Was er wollte, stand da auf der einen, das, was Gottes Wille war, auf der anderen Seite. Auch hier wird Jesus sich genau so entscheiden, wie damals in der Wüste. Auch hier gibt er Gott und nur Gott die Ehre: **"Nicht mein Wille, sondern dein Wille geschehe."**

Um uns dies zu zeigen ist er gekommen. Seit er kam, sind wir in diesem Kampf, in diesem immerwährenden Zwiespalt nicht alleine. Er lässt sich in unser Leben rufen. Er ist nun bei uns, wenn wir nicht weiterwissen. Auch bei uns, wenn wir es nicht geschafft haben, Gott und nur Gott die Ehre zu geben. Kommt zum ihm. Er gibt Ruhe für unsere aufgescheuchten Seelen. So hört er nicht auf, das zu sein, was seine Bestimmung von Anbeginn war: Die Werke des Teufels, die Werke des großen Durcheinanderbringers zu zerstören.

Darum werden wir nach Karfreitag mit dem Zeugen des Glaubens bekennen: **"Nun haben wir wieder Zugang zum Vater!"**

Darum konnten wir zu Beginn dieser zweiten Passionsandacht so beten:
Herr Gott, himmlischer Vater, du hast deinen Sohn in die Welt gesandt, dass er die Macht des Bösen besiege. Wir bitten dich: Stärke uns in aller Anfechtung, dass wir in seiner Kraft dem Feind widerstehen, ihn durch dein Wort überwinden. Durch ihn, unseren Herrn Jesus Christus, der mit dir und dem Heiligen Geist lebt und regiert von Ewigkeit zu Ewigkeit.

Gemeindelied:
Ach bleib mit deiner Gnade... EG 347, 1-6

Fürbittengebet
Gott, du stellst dich der Macht des Bösen entgegen.
Uns fehlt es an Kraft, dem Bösen zu widerstehen
und den Versuchungen standzuhalten.
Wir bitten dich: Stehe uns zur Seite,
wenn Träume uns verführen
oder wenn die Lust an der Macht uns erfaßt.
Bewahre uns durch Jesus,
der dem Versucher widerstand.
Unser Weg hat eine neue Richtung,
weil du, Gott, uns in Jesus Christus begegnet bist.
Darum bitten wir dich
für Menschen, die kein Ziel haben, dass sie ihren Weg finden,
für Zweifelnde, dass sie entschiedene Schritte tun können,
für allzu Sichere, dass sie nachdenklich werden,
für Grübler, dass sie sich nicht verrennen.
Wir sind nicht allein,
weil Jesus ein Mensch war wie wir,
versucht und gefährdet.
Darum bitten wir dich,
dass wir die verstehen,
die in Gefahr sind, am Leben zu scheitern:
Kinder, die ohne Liebe aufwachsen,
Jugendliche, die keinen eigenen Platz
in unserer Welt finden,
arbeitsunfähige Menschen, die sich überflüssig vorkommen. Du bist ihre Zuflucht.
Wir können gegen Mißbrauch der Macht angehen,

weil Jesus sich den Verlockungen der Macht widersetzte.
Darum bitten wir dich
um Mut zum Widerstand
und Geduld im Leiden für alle,
die Unrecht aufdecken und ihm widerstehen,
die sich der Macht nicht beugen
und auf Gewalt verzichten.
Du wirst uns beschützen,
dir verdanken wir Weg und Ziel.

Gebetsstille
Vaterunser
Segen

Liturgische Zusammenschau: - 3 – Der verborgene Gott

Vorspruch:

In Jesu Namen. Amen

Gott, unser Vater, dein Erbarmen mit uns ist unbegreiflich. Du schüttest deinen Zorn nicht über uns aus, sondern überwindest unser Versagen, unsere Bosheit.
Wir bitten dich: Gib uns mehr Geduld mit uns selbst und mehr Geduld mit den anderen, damit wir einander davor bewahren, böse zu sein.
Wir bitten dich im Namen Jesu, der mit dir und dem Heiligen Geist lebt und regiert in E-wigkeit.

Herr, strafe mich nicht in deinem Zorn
    und züchtige mich nicht in deinem Grimm.
Denn deine Pfeile stecken in mir,
    und deine Hand drückt mich.
Es ist nichts Gesundes an meinem Leibe vor deinem Drohen,
    und ist kein Friede in meinen Gebeinen vor meiner Sünde.
Denn meine Sünden gehen über mein Haupt;
    wie eine schwere Last sind sie mir zu schwer geworden.
Ab ich harre, Herr, auf dich;
    du, Herr, mein Gott, wirst erhören.
Verlaß mich nicht, Herr !

Mein Gott, sei nicht ferne von mir!
Eile, mir beizustehen,
Herr, meine Hilfe !

WOCHENSPRUCH

Gott erweist seine Liebe zu uns darin, dass Christus für uns gestorben ist, als wir noch Sünder waren. Röm 5,8

Jesaja 5,1-7

Wohlan, ich will meinem lieben Freunde singen, ein Lied von meinem Freund und seinem Weinberg. Mein Freund hatte einen Weinberg auf einer fetten Höhe. Und er grub ihn um und entsteinte ihn und pflanzte darin edle Reben. Er baute auch einen Turm darin und grub eine Kelter und wartete darauf, dass er gute Trauben brächte; aber er brachte schlechte. Nun richtet, ihr Bürger zu Jerusalem und ihr Männer Judas, zwischen mir und meinem Weinberg! Was sollte man noch mehr tun an meinem Weinberg, das ich nicht getan habe an ihm? Warum hat er denn schlechte Trauben gebracht, während ich darauf wartete, dass er gute brächte? Wohlan, ich will euch zeigen, was ich mit meinem Weinberg tun will! Sein Zaun soll weggenommen werden, dass er verwüstet werde, und seine Mauer soll eingerissen werden, dass er zertreten werde. Ich will ihn wüst liegen lassen, dass er nicht beschnitten noch gehackt werde, sondern Disteln und Dornen darauf wachsen, und will den Wolken gebieten, dass sie nicht darauf regnen. Des HERRN Zebaoth Weinberg aber ist das Haus Israel und die Männer Judas seine Pflanzung, an der sein Herz hing. Er wartete auf Rechtsspruch, siehe, da war Rechtsbruch, auf Gerechtigkeit, siehe, da war Geschrei über Schlechtigkeit.

Mk 12,1-12

Und er fing an, zu ihnen in Gleichnissen zu reden: Ein Mensch pflanzte einen Weinberg und zog einen Zaun darum und grub eine Kelter und baute einen Turm und verpachtete ihn an Weingärtner und ging außer Landes.Und er sandte, als die Zeit kam, einen Knecht zu den Weingärtnern, damit er von den Weingärtnern seinen Anteil an den Früchten des Weinbergs hole. Sie nahmen ihn aber, schlugen ihn und schickten ihn mit leeren Händen fort. Abermals sandte er zu ihnen einen andern Knecht; dem schlugen sie auf den Kopf und schmähten ihn. Und er sandte noch einen andern, den töteten sie; und viele andere: die einen schlugen sie, die andern töteten sie. Da hatte er noch einen, seinen geliebten Sohn; den sandte er als letzten

auch zu ihnen und sagte sich: Sie werden sich vor meinem Sohn scheuen. Sie aber, die Weingärtner, sprachen untereinander: Dies ist der Erbe; kommt, laßt uns ihn töten, so wird das Erbe unser sein! Und sie nahmen ihn und töteten ihn und warfen ihn hinaus vor den Weinberg.
Was wird nun der Herr des Weinbergs tun? Er wird kommen und die Weingärtner umbringen und den Weinberg andern geben. Habt ihr denn nicht dieses Schriftwort gelesen (Psalm 118,22-23): »Der Stein, den die Bauleute verworfen haben, der ist zum Eckstein geworden. Vom Herrn ist das geschehen und ist ein Wunder vor unsern Augen«? Und sie trachteten danach, ihn zu ergreifen, und fürchteten sich doch vor dem Volk; denn sie verstanden, dass er auf sie hin dies Gleichnis gesagt hatte. Und sie ließen ihn und gingen davon.

Mit dem Psalmruf **"Herr, warum stehst du so ferne, verbirgst dich zur Zeit der Not?"** wird am Sonntag Reminiscere der Gottesdienst eröffnet.
Dass sich Gott seinem Volk, dass sich Gott unserer Erfahrung entzogen hat, das ist auch im Weinberglied des Propheten Jesaja das Thema. Dieses Thema in der gleichen Bildersprache greift Jesus in seiner Gleichnisrede auf:
Gott ist der Herr des Weinbergs, der Herr dieser Welt. Er reist außer Landes. Er entzieht sich den Pächtern und den Arbeitern im Weinberg. Kontakt nimmt er nur durch seine Boten und schließlich durch seinen Erben, seinen einzigen Sohn auf.
So wird in dieser Woche eine Erfahrung thematisiert, die wir alle kennen, eine Erfahrung, die auch einen jeden von uns zu schaffen macht. Wir wissen um den Herr des Lebens, den Herrn dieser Welt; aber er ist nicht sichtbar, ist uns fern gerückt. Gott ist mitten unter der "verborgene Gott". Er ist, wie im Gleichnis Jesu "außer Landes gereist".
Und so thematisiert die Gleichnisrede ein Zweites: Wie wir Menschen, wir Pächter des Weinbergs uns ohne Gott eingerichtet haben. Wir brauchen ihn nicht. Wir erklären den Abwesenden für tot. Wir leben so, als gäbe es keinen Gott. Leben also so, als gehört uns der Weinberg, uns diese Erde. Und so fällt denn Gott, wenn er wiederkommt, wenn er Kontakt aufnimmt durch seine Boten, durch seine Propheten in unsere Hände. Wir wollen nicht hören, was die Boten zu sagen haben. Die Boten, die uns an Gott, als dem Herrn dieser Welt und den Herrn unseres Lebens erinnern sollen, werden niedergemacht und ausgerottet – und schließlich fällt Gott selbst, in seinem einzigen Erben in unsere Hände.
Warum Gott offensichtlich unsere Kreise stört? Er erinnert uns daran, was wie wir mit unserem Leben, wie wir mit dieser Welt, die er uns überlassen hat umgehen sollen.
Treuhändlerisch sollen wir sie verwalten. Als Gottes Eigentum sollten wir die Schöpfung bewahren und ihren Ertrag mehren und ihn für alle nutzbar machen. Aber in der Abwe-

senheit Gottes haben wir das verdrängt und umgebogen. Uns gehört die Welt, sagen wir. Wir sind Herrn des Lebens, behaupten wir. Wir sind in diesem Lebensraum sind unseres eigenen Glückes Schmied. Was wir hier tun und machen, das klären wir mit uns, allein mit uns. Wir sind die Erben; ja die Besitzer des Lebens und die Besitzer dieser Welt, die Krone der Schöpfung. Uns hat keiner dreinzureden, keiner was zu sagen.
Was nach dieser Melodie aus dem Weinberg, aus dieser Erde geworden ist?
Mit scharfer Zuge und prägnanten Worten beschreibt Jesusja als Sänger des Weinbergliedes die Lage:
Wohlan, ich will meinem lieben Freunde singen, ein Lied von meinem Freund und seinem Weinberg. Mein Freund hatte einen Weinberg auf einer fetten Höhe. Und er grub ihn um und entsteinte ihn und pflanzte darin edle Reben. Er baute auch einen Turm darin und grub eine Kelter und wartete darauf, dass er gute Trauben brächte; aber er brachte schlechte.
Ertrag des Weinbergs schlecht. Umgang mit dem anvertrauten Gut: verantwortungslos. Deshalb das gnadenlose, das vernichtende Urteil:
Warum hat er denn schlechte Trauben gebracht, während ich darauf wartete, dass er gute brächte? Wohlan, ich will euch zeigen, was ich mit meinem Weinberg tun will! Sein Zaun soll weggenommen werden, dass er verwüstet werde, und seine Mauer soll eingerissen werden, dass er zertreten werde. Ich will ihn wüst liegen lassen, dass er nicht beschnitten noch gehackt werde, sondern Disteln und Dornen darauf wachsen, und will den Wolken gebieten, dass sie nicht darauf regnen. Des HERRN Zebaoth Weinberg aber ist das Haus Israel und die Männer Judas seine Pflanzung, an der sein Herz hing. Er wartete auf Rechtsspruch, siehe, da war Rechtsbruch, auf Gerechtigkeit, siehe, da war Geschrei über Schlechtigkeit.
Dornen und Disteln dort, wo üppige Vegetation wucherte. Statt Lobgesänge über den guten und barmherzigen Schöpfer ist seine Klage über seine heruntergewirtschaftete Schöpfung ist zu vernehmen: Statt Rechtsprechung, Rechtsbruch zum eigenen Vorteil. Statt Sorge für gerechte Verteilung der Erträge, damit alle von dem essen, was für alle gedacht war, Geschrei über die Schlechtigkeit dieser Welt.
Gott der Herr des Weinbergs hat uns die ganze Erde überlassen, aber wir sehen seine Wohltat nicht. Wir sehen nur, wie wir sie für uns selbst und für unsere eigenen Interessen ausbeutet und schließlich heruntergewirtschaftet haben. Er, der Herr des Weinbergs, der Herr des Lebens will, dass alle Menschen erfahren wie er *Speise gibt, reichlich und überall*, wie er **seine milde Hand auftut und alles erfüllt mit Wohlgefallen.**

Aber aus dieser Erde ist anderes geworden: Sie ist zur Klagezone über den abwesenden Gott und zum Jammertal über die Schlechtigkeit dieser Welt geworden.
Alle sind daran schuld – ich ausgenommen. **Alle denken nur an sich – nur ich denk an mich.**
So ist das, so bleibt das, **solange wir Sünder sind,** solange wir von Gott getrennt Lebende, von unserem Ursprung Entfremdete sind und bleiben. Solange das so ist und bleibt, richten zwar uns Geschrei und unsere Klage Richtung "Gott im Himmel", haben aber alles andere vor, ihn wirklich zu erwarten. Und wenn er denn kommt durch seine Boten, vertreiben wir sie – und klagen weiter.
Es ändert sich seit Menschengedenken nichts: Er Gott, der Herr des Lebens und der ganzen **Schöpfung kommt in sein Eigentum und die Seinen** – wir, die Seinen – **nehmen ihn nicht auf**. Wir spielen weiter nach der Melodie: Leben ohne Gott im Tal des Jammerns.
Aber Gott, der Herr des Weinbergs will es bei Klage und Jammer, beim verfehlten Leben nicht belassen. Er steht für uns ein. Er – und nicht wir – ändert die Voraussetzungen des Lebens. So beschreibt Paulus, der Apostel die neue Wirklichkeit:
Gott erweist seine Liebe zu uns darin, dass Christus für uns gestorben ist, als wir noch Sünder waren. Röm 5,8
Wir leben zwar immer noch so, als ob wir immer noch Sünder sind. Wir richten uns ein auf ein Leben ohne Gott, richten uns ein auf die Abwesenheit Gottes und damit auf ein Leben des Jammerns und Klagens.
Dabei **ist alles neu geworden**. Der abwesende Gott ist bei uns. Alle Tage. Der abgewandte Gott hat sich in Jesus, dem Erben zu uns gewandt und steht uns beschützend und bewahrend zur Seite. Aus Bestrafte sind Geliebte geworden; aus dem Tode und dem Vergessen preisgegebene, Bewahrte; aus Klagenden und Jammernden sind Menschen geworden, die Grund zur Dankbarbeit und zum Jubel haben.

Gemeindelied:

Wenn wir in höchsten Nöten sein und wissen nicht, wo aus noch ein ... EG 366, 1-5

FÜRBITTENGEBET:

Gott, unser Vater, wir danken dir,
dass dein Wort uns bis heute erreicht.
Du hast Jesus Christus, deinen Sohn,
als den Beweis deiner Liebe
zu den Menschen gesandt.

Er wurde verlacht,
er mußte leiden,
er wurde gekreuzigt.
Er stirbt noch heute unter uns,
wo Gewalt und Mißtrauen herrschen
und deine Botschaft abgelehnt wird.
Wir bitten dich:
Mach uns zu Boten des Evangeliums,
und schenke uns die Kraft deines Geistes,
dass wir den Mut nicht verlieren,
wenn man uns hart zusetzt;
dass wir nicht gleichgültig werden,
wenn man von dir nichts mehr erwartet.
Wir wollen uns in die Verantwortung
für die Menschen rufen lassen,
weil wir sehen:
Viele verzweifeln, und niemand richtet sie auf;
viele fragen und bekommen keine Antwort;
viele leben und wissen nicht, warum;
viele sterben und haben keine Hoffnung.
Gott, für alle diese Menschen
beten wir zu dir und bitten dich:
Lehre uns die Sprache der Liebe,
damit wir ihnen ihr Elend tragen helfen.
So wird dein Friedensreich unter uns aufgerichtet.

Gebetsstille

Vaterunser

Segen

4. Passionsandacht – Vom Ernst der Nachfolge

Vorspruch:

In Jesu Namen. Amen

Vor uns bist du, Gott. Doch wir sehen zurück, Erinnerungen halten uns fest. Wir bitten dich: Weite uns den Blick nach vorn, dein Reich wahrzunehmen. Beflügele unsere Phantasie, das Mögliche zu entdecken und zu tun.
Festige uns im Glauben durch Jesus Christus.

Gott, sei mir gnädig nach deiner Güte
und tilge meine Sünden nach deiner großen Barmherzigkeit.
Wasche mich wohl von meiner Missetat
und reinige mich von meiner Sünde.
Denn ich erkenne meine Missetat,
und meine Sünde ist immer vor mir.
An dir allein habe ich gesündigt
und übel vor dir getan.
Schaffe in mir, Gott, ein reines Herz,
und gib mir einen neuen, gewissen Geist.
Verwirf mich nicht von deinem Angesicht
und nimm deinen heiligen Geist nicht von mir.
Tröste mich wieder mit deiner Hilfe
und mit einem freudigen Geist rüste mich aus.

WOCHENSPRUCH

Wer seine Hand an den Pflug legt und sieht zurück, der ist nicht geschickt für das Reich Gottes. Lk 9,62

1. Könige 19,1-8

Und Ahab sagte Isebel alles, was Elia getan hatte und wie er alle Propheten Baals mit dem Schwert umgebracht hatte. Da sandte Isebel einen Boten zu Elia und ließ ihm sagen: Die Götter sollen mir dies und das tun, wenn ich nicht morgen um diese Zeit dir tue, wie du diesen getan hast! Da fürchtete er sich, machte sich auf und lief um sein Leben und kam nach Beerscheba in Juda und ließ seinen Diener dort. Er aber ging hin in die Wüste eine Tagereise weit und kam und setzte sich unter einen Wacholder und wünschte sich zu sterben und sprach: Es ist genug, so nimm nun,

HERR, meine Seele; ich bin nicht besser als meine Väter. Und er legte sich hin und schlief unter dem Wacholder. Und siehe, ein Engel rührte ihn an und sprach zu ihm: Steh auf und iß! Und er sah sich um, und siehe, zu seinen Häupten lag ein geröstetes Brot und ein Krug mit Wasser. Und als er gegessen und getrunken hatte, legte er sich wieder schlafen. Und der Engel des HERRN kam zum zweitenmal wieder und rührte ihn an und sprach: Steh auf und iß! Denn du hast einen weiten Weg vor dir. Und er stand auf und aß und trank und ging durch die Kraft der Speise vierzig Tage und vierzig Nächte bis zum Berg Gottes, dem Horeb. Und er kam dort in eine Höhle und blieb dort über Nacht. Und siehe, das Wort des HERRN kam zu ihm: Was machst du hier, Elia? Er sprach: Ich habe geeifert für den HERRN, den Gott Zebaoth; denn Israel hat deinen Bund verlassen und deine Altäre zerbrochen und deine Propheten mit dem Schwert getötet, und ich bin allein übriggeblieben, und sie trachten danach, daß sie mir mein Leben nehmen. Der Herr sprach: Geh heraus und tritt hin auf den Berg vor den HERRN! Und siehe, der HERR wird vorübergehen. Und ein großer, starker Wind, der die Berge zerriß und die Felsen zerbrach, kam vor dem HERRN her; der HERR aber war nicht im Winde. Nach dem Wind aber kam ein Erdbeben; aber der HERR war nicht im Erdbeben. Und nach dem Erdbeben kam ein Feuer; aber der HERR war nicht im Feuer. Und nach dem Feuer kam ein stilles, sanftes Sausen. Als das Elia hörte, verhüllte er sein Antlitz mit seinem Mantel und ging hinaus und trat in den Eingang der Höhle. Und siehe, da kam eine Stimme zu ihm und sprach: Was hast du hier zu tun, Elia?

Lukas 9,57-62

Und als sie auf dem Wege waren, sprach einer zu ihm: Ich will dir folgen, wohin du gehst. Und Jesus sprach zu ihm: Die Füchse haben Gruben, und die Vögel unter dem Himmel haben Nester; aber der Menschensohn hat nichts, wo er sein Haupt hinlege. Und er sprach zu einem andern: Folge mir nach! Der sprach aber: Herr, erlaube mir, daß ich zuvor hingehe und meinen Vater begrabe.
Aber Jesus sprach zu ihm: Laß die Toten ihre Toten begraben; du aber geh hin und verkündige das Reich Gottes! Und ein andrer sprach: Herr, ich will dir nachfolgen; aber erlaube mir zuvor, daß ich Abschied nehme von denen, die in meinem Haus sind. Jesus aber sprach zu ihm: Wer seine Hand an den Pflug legt und sieht zurück, der ist nicht geschickt für das Reich Gottes.

Wer seine Hand an den Pflug legt und sieht zurück, der ist nicht geschickt für das Reich Gottes.

Wer seine Hand an das Schwert legt und meint, mit Feuer und Eisen für Gott streiten zu müssen, der ist auch nicht geschickt für Gottes Reich. Elia glaubte, so handeln zu müssen. Elia glaubte, dass die Priester einer anderen Religion zum Reich des Bösen gehörten, das er mit Stumpf und Stil ausrotten müsse. 450 Priester des Baal hat er eigenhändig umgebracht. Elia glaubte, so Gott zu dienen.

Irrglaube. Elia kannte Gottes eigenen Sohn nicht. Hätte er ihn gekannt, hätte er gewußt:

Wer das Schwert zieht, der wird durch das Schwert umkommen.

Nun spürt er, was er angerichtet hat. Er ist auf der Flucht. Der Mann mit dem Schwert in der Hand und dem Blut an den Händen hat Angst vor einer Frau. Isebel, die Königin will Rache.

Das ist der Fluch des bösen Tat, das sie fortwährend Böses muß gebären.

Wer mordet muss sich nicht wundern, wenn er selbst zur Zielscheibe von Mördern wird.

Nun hat er, der gewalttätige Mann Gottes nur noch einen Wunsch. Sterben will er. **"Ich kann nicht mehr. Ich will nicht mehr. Es ist genug!"**

Aber Gott braucht ihn noch. So zwar nicht. Gott selbst wird ihn ändern. Elia hat in jeder Hinsicht "**noch einen langen Weg vor sich".**

Zunächst den Weg zum Sinai, dem Berg der Gebote, dem Berg Gottes. Hier beginnt die Wandlung des Elia. Hier erfährt der Mann Gottes, dass der Herr des Lebens nicht in gewaltigen Werken und schon gar nicht in Werken der Gewalt zu suchen und zu finden ist.

Nicht im Sturm. Nicht in Donner und Blitz. Nicht im Erdbeben ist Gott. In einem sanften Säuseln verbirgt sich der, der alles Leben wollte, der, der über alles Leben wacht. Mit diesem Gott hat es fortan Elia, der Prophet, mit diesem Gott haben wir es zu tun.

So ist Gott auch mitten unter uns: wie in einem sanften Säuseln, unscheinbar, verborgen und ohne Bleibe:

Die Vögel haben ihre Nester, die Füchse ihre Gruben, aber der Menschensohn hat nicht, wo er sein Haupt hinlege.

So kommt Gott zu den Seinen, aber wir, **die Seinen, nehmen ihn nicht auf.** Denn so wie er ist, entspricht er nicht unserem Gottesbild. Kann Gott so sein?

Der, der so anders ist, als wir uns einen Gott vorstellen, fragt seine Freunde:

Wißt ihr eigentlich, worauf ihr euch einlasst? Ahnt ihr, was auf euch zukommt, wenn ihr mir nachfolgt?

Wer mit Gottes Sohn unterwegs ist, wer auf seinem Weg sein Leben wagt, der ist weder versichert, noch abgesichert.

Riskant ist das Leben an seiner Seite.

Es wird ohne Netz und doppelten Boden gelebt. Die Regel des Miteinanderlebens heißt Vertrauen. Nur Vertrauen. Ihm zutrauen, dass es gut wird. Ihm trauen, dass das Leben gelingt. Auf sein Wort hören und glauben schenken. Ihm die Vorsorge überlassen und sich seiner Fürsorge gewiß sein.

Da will einer nachfolgen;
aber erst seinen Vater begraben. Warten will er, bis er seinen familiären Verpflichtungen nachgekommen ist, bis sich durch den Tod des Vaters die Bindungen lösen.
Gott will seine Nachfolger sofort. Und ganz will er uns. Will nicht, dass wir hartherzig oder gar lieblos sind. Will nicht, dass wir Vater und Mutter gegenüber verantwortungslos werden.
Aber das will er, dass wir ganze Sache machen. Und zwar sofort. Sofort damit beginnen, ihm zu vertrauen. Sofort damit anfangen, die Regel des neuen Lebens zu üben.
Halbe Sache sind nicht die Hälfte; halbe Sache sind gar nichts.
Den Willen Gottes wird nur der befolgen, wer Gott über alle Dinge liebt, fürchtet und vertraut.

Ein anderer will mitgehen;
aber zuvor will Abschied nehmen. Klingt rücksichtsvoll und angemessen. Wer Bindungen hat, zertrennt nicht wortlos das Band der Gemeinschaft.
Zur Zeit Jesu war das ein tagelanges, sich dehnendes Fest. Der Abschied mußte gefeiert werden. Und ins Palaver gezogen: Warum denn? Wies? Was soll das? Jesus sagt: Setzt euch solchen Verunsicherungen nicht aus. Habt ihr euch entschieden, dann kommt. Kein langes Lamentieren mehr. Kein Abwägen und kein Herumkritteln: Steht auf und kommt und folget mir nach.
Denn: *Halbe Sache sind nicht die Hälfte; halbe Sache sind gar nichts.*
Und wenn ihr dann kommt, dann schaut nicht zurück.
Wer zurückschaut verliert den Blick für die Gegenwart. Wer zurückschaut, verklärt Vergangenes und bindet seine Hände. Wer zurückschaut, verliert die Freiheit das ganz zu tun, was jetzt dran ist.
Auch hier: *Halbe Sache sind nicht die Hälfte; halbe Sache sind gar nichts.*
Wer zurückschaut lebt gefährlich. Wer die Hand an den Pflug legt, muß schon genau zusehen, wo sich die Pflugschar befindet. Eine kleine Unachtsamkeit, und der schwere Pflug erschlägt den, der hinter ihm schreitet. Darauf stellt Jesus seine Nachfolger, darauf stellt Jesus uns ein:

Kommt und seid dann ganz bei der Sache. Kommt und vertraut und laß euch nicht beirren. Kommt und bleibt, denn ihr sollt leben, leben und das Leben gewinnen.
Ich zeig euch das, was schädlich ist, zu fliehen und zu meiden ...
Fällt's euch zu schwer? Ich geh voran, ich steh euch an der Seite, ich kämpfe selbst, ich brech die Bahn, bin alles in dem Streite. Ein böser Knecht, der still mag stehn, seiht er voran den Feldherrn gehen. [1]

Gemeindelied: Mir nach, spricht Christus.. EG 385, 1.4.6.

FÜRBITTENGEBET

Jesus Christus, ich komme zu dir,
ich gebe dir alles, was ich habe:
meine Hoffnung und meinen Zweifel,
meine Sehnsucht und meine Ohnmacht.
Sei mein Weg, meine Wahrheit,
hilf mir leben.
Herr Jesus Christus, wir bitten dich:
Nimm uns mit auf deinen Weg,
daß wir Liebe lernen und Frieden finden.
Wir bitten dich: Nimm uns mit auf deinen Weg,
daß wir lernen, zärtlich und einfühlsam zu sein,
und einander zu achten und zu beschützen.
Wir bitten dich: Nimm uns mit auf deinen Weg,
daß wir ehrlich und verantwortungsvoll unsere Arbeit tun,
daß wir uns fernhalten von unsauberen Geschäften
und für Gerechtigkeit eintreten.
Wir bitten dich: Nimm uns mit auf deinen Weg,
daß die Herzen frei werden,
nicht gefangen durch Einfluß und Macht,
daß die Sinne klar bleiben,
nicht verblendet durch Geld und Besitz.
Wir bitten dich: Nimm uns mit auf deinen Weg,
daß dein Wort in unseren Worten widerklingt,
nicht leeres oder böses Geschwätz,
daß unser Reden hilfreich und befreiend ist,

[1] EG 385, 3-4 Johann Scheffler

dankbar gestimmt und voll Hoffnung.
Wir bitten dich: Nimm uns mit auf deinen Weg,
als Gottes geliebte Kinder,
daß wir verwandelt werden aus Finsternis zum Licht.

Gebetsstille
Vaterunser
Segen

5. Passionsandacht – Durch Sterben zum Leben

Vorspruch:
In Jesu Namen. Amen

Gott, in Jesus Christus gibst du dich ganz.
Manchmal fällt es uns schwer, darauf zu vertrauen,
dass aus seinem Sterben neues Leben erwächst.
Erweise uns die Hingabe deines Sohnes
als den Weg, dem wir folgen können:
durch Sterben zum Leben. -Amen-

Herr, höre mein Gebet
und laß mein Schreien zu dir kommen.
Verbirg dein Antlitz nicht vor mir in der Not, neige deine Ohren zu mir;
wenn ich dich anrufe, so erhöre mich bald.
Meine Tage sind dahin wie ein Schatten,
und ich verdorre wie Gras.
Du aber, Herr, bleibst ewiglich
und dein Gedächtnis für und für.
Du wollest dich aufmachen und über Zion erbarmen;
denn es ist Zeit, dass du ihr gnädig seist, und die Stunde ist gekommen.
Der Herr schaut von seiner heiligen Höhe,
und er sieht vom Himmel auf die Erde,
dass er das Seufzen des Gefangenen höre
und losmache die Kinder des Todes.

WOCHENSPRUCH

Wenn das Weizenkorn nicht in die Erde fällt und erstirbt, bleibt es allein; wenn es aber erstirbt, bringt es viel Frucht. Joh 12,24

Jes 54,7-10

Ich habe dich einen kleinen Augenblick verlassen, aber mit großer Barmherzigkeit will ich dich sammeln. Ich habe mein Angesicht im Augenblick des Zorns ein wenig vor dir verborgen, aber mit ewiger Gnade will ich mich deiner erbarmen, spricht der HERR, dein Erlöser. Ich halte es wie zur Zeit Noahs, als ich schwor, dass die Wasser Noahs nicht mehr über die Erde gehen sollten. So habe ich geschworen, dass ich nicht mehr über dich zürnen und dich nicht mehr schelten will. Denn es sollen wohl Berge weichen und Hügel hinfallen, aber meine Gnade soll nicht von dir weichen, und der Bund meines Friedens soll nicht hinfallen, spricht der HERR, dein Erbarmer.

Joh 6,55-65

Denn mein Fleisch ist die wahre Speise, und mein Blut ist der wahre Trank. Wer mein Fleisch ißt und mein Blut trinkt, der bleibt in mir und ich in ihm. Wie mich der lebendige Vater gesandt hat und ich lebe um des Vaters willen, so wird auch, wer mich ißt, leben um meinetwillen. Dies ist das Brot, das vom Himmel gekommen ist. Es ist nicht wie bei den Vätern, die gegessen haben und gestorben sind. Wer dies Brot ißt, der wird leben in Ewigkeit. Das sagte er in der Synagoge, als er in Kapernaum lehrte. Viele nun seiner Jünger, die das hörten, sprachen: Das ist eine harte Rede; wer kann sie hören? Da Jesus aber bei sich selbst merkte, dass seine Jünger darüber murrten, sprach er zu ihnen: Ärgert euch das? Wie, wenn ihr nun sehen werdet den Menschensohn auffahren dahin, wo er zuvor war? Der Geist ist's, der lebendig macht; das Fleisch ist nichts nütze. Die Worte, die ich zu euch geredet habe, die sind Geist und sind Leben. Aber es gibt einige unter euch, die glauben nicht. Denn Jesus wußte von Anfang an, wer die waren, die nicht glaubten, und wer ihn verraten würde. Und er sprach: Darum habe ich euch gesagt: Niemand kann zu mir kommen, es sei ihm denn vom Vater gegeben.

Der Spruch dieser Woche erinnert uns an das, was jeder in der Natur beobachten kann:
Ein Weizenkorn in einem dunkel gehaltenen, trockenem, kühlen Glas aufbewahrt, bleibt was es ist.
Nehmen wir ein feuchtes Tempotaschentuch in einer kleinen Schale und legen ein paar Weizenkörner darauf und stellen dann die Schale auf einen Heizkörper und sorgen dafür,

dass die Körner feucht gehalten werden, verändert sich schon nach wenigen Tagen die Gestalt der Körner.
Sie werden groß. Sie brechen auf. Sie verändern ihre Gestalt. Aus jedem erbrochenen Korn schießt ein kleiner Sprößling empor.
Wenn das Weizenkorn nicht in die Erde fällt und erstirbt, bleibt es allein; wenn es aber erstirbt, bringt es viel Frucht.
Jesus will damit sagen: Erst durch die Veränderung der Gestalt, erst wenn stirbt, was jetzt ist, wird neues Leben möglich.
Ein Naturgesetz. Ein Gesetz auch unseres Lebens. Auch in der Kirche, auch dort, wo sie in ihrer Gemeinde leben, können wir Gleiches beobachten:
Neues kommt erst, wenn das Alte erstirbt. Bleibt alles, wie es von Anfang an war, dann zieht über kurz oder lang der Tod ein.
Der Tod hält fest. Konserviert. Der Gletschermann der in den Tiroler Bergen gefunden wurde, hat im Eis des Ötztales seit 5000 Jahre seine Gestalt nicht verändert. So hält der Tod fest und konserviert Gewesenes.
Leben dagegen heißt: Veränderung. Wer das Leben will, muß dem Prozeß der Veränderung Raum geben. **Wenn das Weizenkorn nicht in die Erde fällt und erstirbt, bleibt es allein; wenn es aber erstirbt, bringt es viel Frucht.**

Von der Veränderung Gottes redet der Prophetentext:
Gott gibt zu, dass er seinem Volk den Rücken gekehrt hat. Einen kleinen Augenblick nur. Nun will er wieder der sein, der er von Anfang an war: Der gnädige und barmherzige Gott. Der, der Zerstreutes sammelt. Der Hirte und Hüter seines Volkes. Gott gibt zu, dass er zornig gewesen ist. Ein wenig.
Nun will er wieder der sein, der er von Anfang an war: Der uns zugewandte Gott. Einen kleinen Augenblick abgewandt, aber von nun an bis in alle Ewigkeit, der gnädige, der Erbarmer. Zürnen will er nicht mehr. Und schelten auch nicht. Nicht, dass wir seinen Zorn nicht mehr verdient hätten oder seine Strafrede nicht angemessen wäre. Gott ändert sich. Auf Ungehorsam soll von nun an nicht mehr Zorn und Strafe. Wer Strafe verdiente, empfängt von jetzt an Gnade und Barmherzigkeit. So will Gott von nun an uns, sein Volk führen und leiten. Durch Gnade will er den Bund des Friedens erhalten, durch Gnade seinen Shalom bringen.
Es sollen wohl Berge weichen und Hügel hinfallen, aber meine Gnade soll nicht von dir weichen, und der Bund meines Friedens soll nicht hinfallen, spricht der HERR, dein Erbarmer.

Im Evangelium zeigt Jesus auf, wie sich Gott uns zugendet hat; zeigt auf, wie nah er uns gekommen ist. In Jesus blickt uns Gott selbst an. In Jesus ist Gott auf unserer Seite. Durch Jesus erfahren wir die Wirklichkeit und die Nähe des gnädigen und barmherzigen Gottes. Dieser Gott in Jesus ist nicht nur eine damalige Gestalt, von der wir hören und vernehmen, die wir bewundern oder ehrfurchtsvoll verehren könnten. Gegenwärtig ist er. Ganz nah zu uns gekommen:

Im Brot und Wein des Abendmahles will er sich mit uns verbinden. Nicht nur unserer Gegenüber will er sein, sondern Teil von uns werden. So wie Speise und Trank dem Körper helfen, zu wachsen und sich zu verändern, so will Jesus zu unserer Speise, zu unserem Trank werden. Damit wir von ihm, damit wir von Gott durchdrungen werden.

Wer Ja sagt zu dieser Speise und zu diesem Trank, der kann sein Tischgebet sprechen:

Komm Herr Jesus, sei du unser Gast und segne, was du uns beschertet hast.

Er selbst – die Gabe, mit der er uns beschenkt.

Er selbst die Speise, die sich mit unserem Leib verbindet.

Er selbst der Trank, der uns durchglüht und durchwirkt.

Er selbst das Weizenkorn, das in uns fällt, das dort erstirbt, um neues Leben hervorzubringen.

Gemeindelied: Wenn das Brot, das wir brechen...EG 632

FÜRBITTENGEBET

Gott, du bist den Leidenden nah,
du bist den Weg des Leidens zu Ende gegangen,
durch den Tod hindurch zum Leben.
Wir fürchten um unser Leben, wenn wir hören und sehen,
was Menschen aushalten müssen, was ihnen zugemutet wird.
Wir erschrecken und hoffen, dass es uns nicht trifft.
Wir möchten glauben, dass du auch dann bei uns bist,
wenn wir Angst haben, wenn wir Schmerzen haben,
wenn wir mit uns nicht zurecht kommen.
Wir bitten dich für die Menschen,
die den Tod auf sich zukommen sehen:
Laß ihre Hoffnung wachsen und ihre Angst kleiner werden.
Wir beten für die Menschen, die in Ungewißheit leben,
die sich von Spannungen wie zerrissen fühlen:
Gib ihnen deinen Frieden, der alle Vernunft übersteigt.

Wir rufen dich an für die Verbitterten,
denen über ihrem Schicksal der Glaube zerbrochen ist:
Gib ihnen Menschen, durch die sie deine Liebe erfahren
wie ein Licht in ihrer Finsternis.
Wir bitten dich für die, denen ihr Leben sinnlos erscheint,
die es wegwerfen möchten:
Tritt ihnen in den Weg,
laß sie begreifen, dass sie für andere eine Hilfe sein können.
Gott, wir bitten dich für uns alle:
Wenn wir nicht wissen, warum dieses Unglück,
warum diese Krankheit, warum dieser Tod,
dann laß diese Fragen uns nicht von dir trennen.
Hilf uns glauben: Deine Liebe führt uns auch Wege,
die wir nicht verstehen,
durch den Tod hindurch zum Leben.

Gebetsstille
Vaterunser
Segen

6. Passionsandacht – Gekommen um zu Dienen

Vorspruch:
In Jesu Namen. Amen

Lebendiger Gott,
dein Sohn ist für uns gestorben, damit wir leben,
du leidest mit uns an dieser Welt.
Wir sehnen uns mit dir nach Gerechtigkeit und Frieden.
Damit aus Schreien der Verzweiflung und Angst
ein Loblied wachsen kann,
beten wir zu dir durch Jesus Christus.

Herr, erhöre mein Gebet, vernimm mein Flehen um deiner Wahrheit willen,
erhöre mich um diener Gerechtigkeit willen
und gehe nicht ins Gericht mit deinem Knechte;
denn vor dir ist kein Lebendiger gerecht.

Errette mich, mein Gott, von meinen Feinden;
zu dir habe ich Zuflucht.
Lehre ich tun nach deinem Wohlgefallen; denn du bist mein Gott,
dein guter Geist führe mich auf ebener Bahn.
Herr, erquicke mich um deines Namens willen,
führe meine Seele aus der Not
um deiner Gerechtigkeit willen.

WOCHENSPRUCH

Der Menschensohn ist nicht gekommen, daß er sich dienen lasse, sondern daß er diene und gebe sein Leben zu einer Erlösung für viele. Mt 20,28

1. Mose 22,1-13

Nach diesen Geschichten versuchte Gott Abraham und sprach zu ihm: Abraham! Und er antwortete: Hier bin ich. Und er sprach: Nimm Isaak, deinen einzigen Sohn, den du liebhast, und geh hin in das Land Morija und opfere ihn dort zum Brandopfer auf einem Berge, den ich dir sagen werde. Da stand Abraham früh am Morgen auf und gürtete seinen Esel und nahm mit sich zwei Knechte und seinen Sohn Isaak und spaltete Holz zum Brandopfer, machte sich auf und ging hin an den Ort, von dem ihm Gott gesagt hatte. Am dritten Tage hob Abraham seine Augen auf und sah die Stätte von ferneund sprach zu seinen Knechten: Bleibt ihr hier mit dem Esel. Ich und der Knabe wollen dorthin gehen, und wenn wir angebetet haben, wollen wir wieder zu euch kommen. Und Abraham nahm das Holz zum Brandopfer und legte es auf seinen Sohn Isaak. Er aber nahm das Feuer und das Messer in seine Hand; und gingen die beiden miteinander. Da sprach Isaak zu seinem Vater Abraham: Mein Vater! Abraham antwortete: Hier bin ich, mein Sohn. Und er sprach: Siehe, hier ist Feuer und Holz; wo ist aber das Schaf zum Brandopfer? Abraham antwortete: Mein Sohn, Gott wird sich ersehen ein Schaf zum Brandopfer. Und gingen die beiden miteinander. Und als sie an die Stätte kamen, die ihm Gott gesagt hatte, baute Abraham dort einen Altar und legte das Holz darauf und band seinen Sohn Isaak, legte ihn auf den Altar oben auf das Holz und reckte seine Hand aus und faßte das Messer, daß er seinen Sohn schlachtete. Da rief ihn der Engel des HERRN vom Himmel und sprach: Abraham! Abraham! Er antwortete: Hier bin ich. Er sprach: Lege deine Hand nicht an den Knaben und tu ihm nichts; denn nun weiß ich, daß du Gott fürchtest und hast deines einzigen Sohnes nicht verschont um meinetwillen. Da hob Abra-

ham seine Augen auf und sah einen Widder hinter sich in der Hecke mit seinen Hörnern hängen und ging hin und nahm den Widder und opferte ihn zum Brandopfer an seines Sohnes Statt.

Joh 11,47-53

Da versammelten die Hohenpriester und die Pharisäer den Hohen Rat und sprachen: Was tun wir? Dieser Mensch tut viele Zeichen. Lassen wir ihn so, dann werden sie alle an ihn glauben, und dann kommen die Römer und nehmen uns Land und Leute. Einer aber von ihnen, Kaiphas, der in dem Jahr Hoherpriester war, sprach zu ihnen: Ihr wißt nichts; ihr bedenkt auch nicht: Es ist besser für euch, ein Mensch sterbe für das Volk, als daß das ganze Volk verderbe. Das sagte er aber nicht von sich aus, sondern weil er in dem Jahr Hoherpriester war, weissagte er. Denn Jesus sollte sterben für das Volk, und nicht für das Volk allein, sondern auch, um die verstreuten Kinder Gottes zusammenzubringen. Von dem Tage an war es für sie beschlossen, daß sie ihn töteten.

Dass einer einem anderen eine Dienstleistung erbringt, ist unter uns nichts Außergewöhnliches. Mit gutem Grund reden viele gescheite Leute davon, dass wir Abschied von der Industriegesellschaft genommen haben und dass der neue Name Dienstleistungsgesellschaft ist. Der Name weist darauf hin, dass die meisten Menschen mitten unter uns ihr Brot nicht mehr in der Industrie, in Bergwerken und am Hochofen verdienen, sondern so, dass sie anderen Menschen eine Dienstleistung erbringen als Altenpflegerin oder als Kellner, als Busfahrer oder als Reisebegleiter, als Verkäuferin oder als Koch.

Für Diakonissen in einer diakonischen Einrichtung, für Sie also und denen, die ihnen und uns vorangingen, selbstverständlicher Lebensstil: Wir leben als Diakonissen und Diakone, als Dienerinnen und Diener anderer Menschen. Das haben wir so gewollt, dazu wissen wir uns berufen, das ist unser Lebens- und Arbeitsstil.

Besonders bei Ihnen, liebe Diakonissen, muss keiner fragen, warum sie sich diesen Lebensstil ausgesucht haben. Und ihre Kleidung weist daraufhin, dass sie diesen Lebens- und Umgangsstil von Jesus gelernt haben. Das Kreuz ist ihr, das Kreuz ist unser Zeichen. Deutezeichen für das, was wir tun; Hinweiszeichen auf den, von dem wir gelernt haben und der uns Diener geworden ist.

Als Jesus das Wort erstmals sagte und was viel mehr ist, dem Wort entsprechend lebte, das uns in dieser sechsten Passionswoche zum Leit - und Wochenspruch geworden ist, war dies Wort eine ungewöhnliche Ankündigung.

So ein Wort galt als un - männlich, es war einem Manne nicht würdig:

Ich bin gekommen, nicht mich bedienen zu lassen, sondern zu dienen und mein Leben für andere hinzugeben.

Für Dienstleistungen hatte man, wenn man was auf sich hielt, Sklaven oder zumindest Frauen. Ein Mann machte sich mit Dienstleistungen die Hände nicht schmutzig. Wer Dienstleistungen für andere erbrachte, gehörte zum Abschaum der Gesellschaft. Ein Diener war einer, der von der Karriereleiter heruntergefallen war, ein Versager, ein Nichtsnutz, ein Unfreier, Sklave eben. Plato, der große Denker der Antike sagte das so: *Wie kann einer glücklich sein, wenn er einem anderen dient?*

Jesus lebte quer zu solchem Denken; Jesus fiel aus der Rolle der Gesellschaft und brachte Neues in dies alte Leben hinein. Jesus verstand sein Leben als Hingabe, als Geschenk für andere.

Das Leben Jesu hatte nur ein Ziel "Dasein für andere", **Leben zur Erlösung für viele.**

Solch ein Hingabe-Geschichte wird uns auch in der hebräischen Bibel, im Alten Testament erzählt. Abraham, den man später auch "Vater des Glaubens" nannte, war zur totalen Hingabe bereit: Abraham war bereit, wenn Gott das von ihm forderte, Isaak, den Sohn der Verheißung, in Gottes Hände zurückzugeben. Wie lange hatte er doch auf die Erfüllung der göttlichen Verheißung gewartet. Nun ist er bei ihm, und bei Sara, seiner Frau, der Sohn der Verheißung. Endlich ist er da. Endlich wird erlebbar, dass Gott nicht nur schöne, ermutigende Worte sagt, sondern dass er damit beginnt, die Vorhersagen einzulösen.

Isaak, der Sohn der Verheißung, Isaak, der Garant der Zukunft. Ihn soll er hinschlachten? Tut er es, verliert er seine Zukunft. Wie soll es denn weitergehen; jetzt weitergehen – ohne Sohn. Versagt er Gott das Opfer, verliert er auch seine Zukunft: Gott wird sich von ihm wenden.

Abraham ist bereit. Aber dieser Vater muss das Opfer des Sohnes nicht erleiden.

Gott selber wird es sein; Gott selber, auf dem gleichen Berg. Unweit von der Stelle, auf der der Altar stand, auf dem Isaak geopfert werden sollte, wird das Kreuz Jesu stehen.

Gott hat den, der von keiner Sünde wußte für uns zur Sünde gemacht; auf dass wir würden Gerechte vor ihm.

So hat Gott die Welt, so hat Gott einen jeden von uns geliebt, **dass er seinen eigenen Sohn hergab, damit alle, die an ihn glauben das ewige Leben haben.**

Zu diesem Gott gehören wir, dessen Wille ist, für uns zu leben. Zu diesem Gott gehören wir, der uns – dem Tod zum Trotz – neues Leben schenkt.

Unseren Tod fordert er nicht. Unser Gott gibt sich selbst hin, damit wir leben!

Es ist besser für euch, ein Mensch sterbe für das Volk, als daß das ganze Volk verderbe. Das sagte er aber nicht von sich aus, sondern weil er in dem Jahr Ho-

herpriester war, weissagte er. Denn Jesus sollte sterben für das Volk, und nicht für das Volk allein, sondern auch, um die verstreuten Kinder Gottes zusammenzubringen. Von dem Tage an war es für sie beschlossen, daß sie ihn töteten.
Sie wußten nicht was sie taten. Sie wußten nicht, dass der Todesbeschluß, tatsächlich Getrenntes wieder zusammenbringen wird. Gott und wir Menschen werden durch ihn, den Dahingeschlachteten, wieder vereint. Und er, der Sohn aus Gottes erstem Volk wird das erste und das zweite Volk vor Gott vereinen. Er bringt tatsächlich, "**die verstreuten Kinder Gottes zusammen.**"
Diese Aufgabe haben wir noch vor uns, nachzubuchstabieren, wie Jesus, der Jude, Juden und Christen vor Gott vereint. Das Evangelium sagt voraus: der Tod Jesus soll uns nicht trennen, der Tod Jesu soll uns verstreute Kinder Gottes, uns Nachfahren Abrahams und Jesu Jüngerinnen und Jünger zusammenbringen.
Dann wird er sein herrlich Werk vollenden, wenn wir mit **"allen unsere Knie beugen und wenn wir alle bekennen, dass Jesus Christus der Herr sei, zur Ehre Gottes des Vaters."** (Phil 2)
Dazu ist er gekommen, uns zu dienen, und sich hinzugeben zur Erlösung für viele.

Gemeindelied: Ein Lämmlein geht und trägt die Schuld... EG 83,1-2

FÜRBITTENGEBET
Jesus, unser Herr und Helfer,
alles gibst du hin:
Macht und Größe,
selbst deinen Leib und dein Leben,
damit wir frei werden.
Wir aber streben nach Ansehen und Einfluß
und suchen, einander ängstlich und abhängig zu machen.
Laß uns den Sinn deines Lebens und Leidens begreifen,
damit wir dir folgen und nahekommen.
Bleibe bei uns und stärke uns,
damit unser Leben und Leiden deine befreiende Liebe zeigt.
Allmächtiger Gott,
du hast deinen Sohn,
der gehorsam war bis zum Tode,
zu unserem Herrn gemacht;
ihm sollen wir folgen in der Kraft deines Geistes.

Hilf uns, einander zu dienen, wie er uns gedient hat.
Laß uns nicht allein,
wenn wir um seinetwillen bedrängt und verachtet werden.
Laß die Welt erkennen, daß er der Herr ist,
auch durch unsere Worte und Taten,
durch unser Leiden und Schweigen.
Wir beten für alle, die nach Gerechtigkeit hungern,
für die Opfer der Gewalt und des Krieges;
für die zu Unrecht Verfolgten, Verhafteten und Verurteilten;
für die Gequälten und Gefolterten;
für alle, die leiden, weil sie die Wahrheit sagen.
Gib, daß sie nicht umsonst leiden.

Gebetsstille

Vaterunser

Segen

2. Reihe:
Personen aus den Passionserzählungen: 1 – Die Jünger

Vorspruch:

In Jesu Namen. Amen

Allmächtiger, barmherziger Vater,
du willst uns deine Kraft erfahren lassen in Kreuz und Leid.
Wir bitten dich: Mach dein Wort in uns kräftig,
damit wir in der Zeit des Leides nicht erliegen,
sondern getröstet werden
und mitten im Tod das Leben empfangen.
Durch unseren Herrn Jesus Christus, deinen Sohn,
der mit dir und dem Heiligen Geist lebt und regiert
von Ewigkeit zu Ewigkeit.

Ach Herr, strafe mich nicht in deinem Zorn
und züchtige mich nicht nach deinem Grimm.
Herr, sei mir gnädig, denn ich bin schwach;
Heile mich Herr, denn meine Gebeine sind erschrocken,
und meine Seele ist sehr erschrocken.
Ach du, Herr, wie lange?
Wende dich,Herr, und errette meine Seele;
hilf mir um deiner Güte willen.
Derr Herr hört mein Flehen;
mein Gebet nimmt der Herr an.

WOCHENSPRUCH

Seht, wir gehen hinauf nach Jerusalem, und es wird alles vollendet werden, was geschrieben ist durch die Propheten von dem Menschensohn. Lk 18,31

Mt 26,36-46

Da kam Jesus mit ihnen zu einem Garten, der hieß Gethsemane, und sprach zu den Jüngern: Setzt euch hier, solange ich dorthin gehe und bete. Und er nahm mit sich Petrus und die zwei Söhne des Zebedäus und fing an zu trauern und zu zagen. Da sprach Jesus zu ihnen: Meine Seele ist betrübt bis an den Tod; bleibt hier und wacht mit mir! Und er ging ein wenig weiter, fiel nieder auf sein Angesicht und bete-

te und sprach: Mein Vater, ist's möglich, so gehe dieser Kelch an mir vorüber; doch nicht wie ich will, sondern wie du willst! Und er kam zu seinen Jüngern und fand sie schlafend und sprach zu Petrus: Könnt ihr denn nicht eine Stunde mit mir wachen? Wachet und betet, daß ihr nicht in Anfechtung fallt! Der Geist ist willig; aber das Fleisch ist schwach. Zum zweiten Mal ging er wieder hin, betete und sprach: Mein Vater, ist's nicht möglich, daß dieser Kelch an mir vorübergehe, ohne daß ich ihn trinke, so geschehe dein Wille! Und er kam und fand sie abermals schlafend, und ihre Augen waren voller Schlaf. Und er ließ sie und ging abermals hin und betete zum dritten Mal und redete dieselben Worte. Dann kam er zu seinen Jüngern und sprach zu ihnen: Ach, wollt ihr weiter schlafen und ruhen? Siehe, die Stunde ist da, daß der Menschensohn in die Hände der Sünder überantwortet wird. Steht auf, laßt uns gehen! Siehe, er ist da, der mich verrät.

Mt 26, 47 und 56

Und als er noch redete, siehe, da kam Judas, einer von den Zwölfen, und mit ihm eine große Schar mit Schwertern und mit Stangen, von den Hohenpriestern und Ältesten des Volkes ... Da verließen ihn alle Jünger und flohen.

Wie wird einer Jünger Jesu?

Keiner ist Jünger Jesu geworden, der sich darum bemüht hat. Kam einer zu Jesus mit dem Ansinnen: **"Ich will dir folgen, wo du hingehst"** so mußte er hören: **"Die Füchse haben ihre Gruben, und die Vögel unter dem Himmel haben ihre Nester; aber des Menschen Sohn hat nicht, wo er sein Haupt hinlege."** (Lk 9,57)

Jünger bewerben sich nicht, Jünger werden berufen. Die Nachfolger wissen sich auf Jesus, dem Christus angewiesen: **"Ohne ihn können sie nichts tun"** (Joh 15,5). Jesus ist der **Grund - oder Eckstein** (1. Kor 3,11; Eph 2,20); **Jesus das Haupt des Leibes** (Eph 1,22; 4,15). **Jesus ist der Weinstock**, an dem sie, die Jünger, die Reben sind (Joh 15,1ff); **Jesus ist und bleibt der Bräutigam, dem sie zugeführt werden** (Mt 25,6)

Jesus, auf den die Jünger angewiesen sind, hat sie herausgerufen und zu neuer Gemeinschaft befähigt. Diese neue Gemeinschaft lebt der Zukunft Gottes (dem Reich Gottes) entgegen, die in ihren Anfängen schon hier und jetzt begonnen hat.

Damit ist deutlich: Die Jüngerschaft versteht sich nicht als "... ein religiöser Verband unter anderen ..., meßbar an Kategorien der Frömmigkeit und Moral, des Kultus und der Organisation ..." [2]

Dies gilt festzuhalten:

[2] E. Käsemann, Einheit und Vielfalt in Exeget. Versuche und Besinnungen, Göttingen 1964 I und II, S. 267.

In dem Zimmermannssohn Jesus von Nazareth, der mit der Guten Nachricht auftrat, dass **"das Reich Gottes herbeigekommen ist"** (Mk 1,15), erleben die Jünger die Erfüllung alttestamentlicher Verheißungen.
Jesus wirkt die Christuswerke (Mt 11, 4-5; Jes. 35, 5-6; 61,1), sein Weg kann als der Weg des rätselhaften Gottes-Knechtes (Jes. 42,1-4(9); 49, 1-6; 50, 4-9; 52, 13-53, 12) dargestellt werden. Jesus identifiziert sich mit dem Menschensohn, "... den vom Himmel kommenden, äußerlich einem Menschen gleichen Welterlöser." [3] Wobei sein "dürftiges Leben" zur "Verborgenheit des Menschensohnes gehört" und auf die Zukunft weist.[4]
In Vollmacht, - also nicht wie die Schriftgelehrten (Mt 7,29) - bringt Jesus den Elenden Gute Botschaft (Mt 5, 3-10), verbindet Zerbrochenes, verkündigt den Gefangenen die Freiheit und hebt Vereinzelungen, Isolierungen und Rivalitäten auf (Mt 8-9). Vor allem aber deutet er jede Form des erlebten Nicht - Friedens (Nicht - Shalom) als Folge menschlicher Überheblichkeit (Hybris). All dies weist die Jünger darauf hin, dass wir Menschen sein wollen wie Gott -, dass wir also ohne Gott leben. Deshalb der Bußruf als Ruf zur Umkehr aus dieser Trennung hinein in eine neue Gottesbeziehung.
Dies alles im Bewußtsein, dass das Gottes Reich von kleinen - unscheinbaren Anfängen (siehe: Reich – Gottes - Gleichnisse Mk 4,30ff) ohne Kampf (so die Zeloten), ohne Askese (so Johannes der Täufer), ohne Vorleistungen auf menschlicher Seite (so das zeitgenössische Judentum), - allein, weil Gott es so will und wann Gott es will, hereinbricht (Mk 4,26-29).
In Mt 9, 36-38 wird erzählt, wie die Zuwendung Jesu dem hereinbrechenden Reich Gottes entspricht. Die Menschen, die Jesus sah, waren **"verschmachtet und zerstreut wie Schafe, die keinen Hirten haben "** ... **"Da jammert es ihn"** - Knapper und präziser kann die Situation der Menschen ohne Gott - und das Christus-Zeugnis nicht dargestellt werden! Gott wendet sich in seinem Boten aus "Jammer" (Barmherzigkeit; VULGATA: misere = Misereor) den Mühseligen und Beladenen, den Ausgebooteten und Gehandicapten zu - und er sagt ihnen, was sie weder sehen noch erleben können: **Es ist Zeit zur Ernte!** (2. Kor 6,2)
Jesu ganzes Leben, das ins Leiden führt, ist ein Leben in dieser Zuwendung bis zur bitteren Konsequenz des Kreuztodes. In dieser Zuwendung bis zum Tod erfüllt sich der Weg dessen, der unter uns sein wollte, **"wie ein Diakon"** (Lk 22,27; Mt 10,45). Aber dieser Schand-Tod (Gal 3,13) setzt ihn nicht ins Unrecht. Es ist Ostern geworden. Die Hoffnung

[3] Dibelius/Kümmel, Jesus; Sammlung Göschen; S. 80
[4] ebenda.

des Nazareners und sein Lebensstil haben durch Gott letzte und verbindliche Gültigkeit bekommen.
Der Evangelist Matthäus erzählt, dass Jesus in dieser Zuwendung auch seine Jünger mit hinein nimmt: Den Vereinzelten und Zerstreuten, den Besessenen und den Leidenden, den Mühseligen und Beladenen gilt es, zuzurufen und durch die barmherzige Zuwendung erfahrbar werden zu lassen, was sie am eigenen Leib erlebt und mit eigenen Ohren gehört haben: **"Es ist Zeit zur Ernte!“**
Bei dieser Erntearbeit sind sie nicht allein (Mt 18,20), Jesus - Christus bleibt ihnen - den Boten - zugewandt **"alle Tage bis an der Welt Ende“** (Mt 20,28). Jesus hat ihnen, die sich in seinem Namen senden lassen, in der Zeit und Ewigkeit seinen Beistand zugesagt (Mt 10,32).
Die solches erfahren haben und die sich durch die Dynamik des Reiches Gottes (Rö 1,16) mitreißen lassen, bleiben auf diesem Botenweg - der immer dem Weg **"der Schafe mitten unter die Wölfe"** (Lk 10,3; Mk 8,34-35; 2. Kor 6, 1-10) gleicht - auch einander zugetan (Act 2,42).
Sie kommen nach Ostern wieder zusammen zur gegenseitigen Erinnerung, sie vergewissern sich durch das Sakrament und sie feiern als die in Gefängnissen und Katakomben verfolgt Lebenden die Gottesherrschaft, - oder sie treffen sich als die neue Gemeinschaft inmitten dieser alten, vergehenden Welt, **"hin und her in den Häusern“** (Act 2,46).
So leben sie als die *zur Solidarität Befreiten, als "Vortrupp des Lebens"* [5] im pfingstlichen Geist. Dies ist nicht mehr der Stil der verkehrten Menschheit, den Petrus in seiner Pfingstpredigt noch angeprangert hatte (Act 2,40b), einer Menschheit, in der jeder der Wolf eines jeden ist, in der als Hölle jeweils die anderen erfahren werden (Sartre) und in der *"der Fromme stirbt, der recht und richtig handelt, der Böse lebt, der wider Gott mißhandelt“* (EKG 60,5). Jeder gegen Jeden. Jeder seines eigenen Glückes Schmied und deshalb jeder auf eigene Faust. Diesem Gesetz der verkehrten Welt drehen sie den Rücken zu; sie kehren um.
Durch Gottes Geist werden sie zu einer neuen Gemeinschaft integriert, so dass sie fähig sind, sich als "Patientenkollektiv“ [6], als „Alternativ - und Kontrastgesellschaft“ [7] zu begrei-

[5] Helmut Gollwitzer in seiner großartigen Abschiedsvorlesung "Befreiung zur Solidarität", München 1978
[6] Ulrich Bach hat diesen Begriff in die Ekklesiologie wieder eingeführt, er ist der theologia cruxis Martin Luthers entnommen und meint, dass die Gemeinde in einem wechselseitigen Verhältnis von Geben und Nehmen, von Helfern und Hilfebedürftigen lebt. So kann Bach die „Gemeinde als Gegenseitigkeitsverhältnis“ (Boden unter den Füßen, Göttingen 1980 S. 81) beschreiben oder als „Freiraum für uns alle (ebenda S. 203);s. auch „Dem Traum entsagen...“ S. 128.
[7] S. N. Lohfink, Kirchenträume - Herder TB, 1982, S. 132; er redet hier auch von der „Modellgesellschaft Gottes, der ... vollausgestatteten Gesellschaft“(139), einer „Gesellschaft jenseits der menschlichen Rivalität“(140).

fen. Sie nehmen aus der Hand des Herrn, was sie vormals ihrer eigenen Kraft und Leistung zugeschrieben haben [8] und **"dienen einander mit der Gabe, die sie empfangen haben ..."** (2. Petr. 4,10). Kurzum: *"Sie haben einander so lieb!"* (Plinius der Jüngere in einem Brief an seinen Kaiser Trajan)

Aber *"noch will das Alte unsere Herzen quälen ..."* [9]

Wenn Matthäus von der Jüngerschaft in der Passionszeit erzählt, dann blickt er wie die anderen Evangelisten auch, auf ihr Versagen. Während Jesus mit seinem Vater im Gebet darum ringt, dass **"dieser Kelch an ihm vorübergehe",** schafften sie es nicht, bei ihm und mit ihm zu wachen. Und als die Häscher mit Schwerter und Stangen kamen, **da verließen ihn alle Jünger und flohen.**

Auch unsere Herzen will dies Alte quälen: Seit der Taufe sind wir zu Jüngerinnen und Jünger Jesu berufen, sind Teil seiner Gemeinde, sollen Vortrupp des Lebens sein.

Sind wir es? Oder schlafen wir, wo wir wachen sollten und nehmen Reißaus, wo es unsere Aufgabe wäre, standhaft zu bleiben?

Gemeindelied: Ein wahrer Glaube Gotts Zorn stillt ... EG 413

FÜRBITTENGEBET

Jesus, Herr und Bruder,
du bist den Weg des Leidens gegangen,
um Liebe in uns zu wecken,
du öffnest uns Blinden die Augen dafür,
daß wir eigensüchtig und träge sind.
Hilf uns tragen, was man uns auflädt,
hilf uns kämpfen gegen Unrecht und Lüge -
bei uns und in unserer Umwelt,
hilf uns Liebe üben -
in der Hoffnung, daß sie alles Böse überwindet.
Wir bitten, Herr, um deinen Geist.
Stärke und erneuere uns,
wandle unsere Herzen und Sinne,
daß wir der Zukunft trauen,
in die du uns führen willst.
Hilf allen Menschen, die leiden,

---

[8] E. Käsemann, ebenda - S. 116
[9] Dietrich Bonhoeffer, Von guten Mächten

besonders denen,
die heimatlos, gefangen,
gefoltert und verfolgt sind.
Sei bei ihnen in ihrer Angst und Not,
stärke und tröste sie;
laß sie nicht verzweifeln,
sondern neuen Mut finden.
Herr, hilf uns und allen Menschen,
deiner guten Schöpfung zu dienen;
laß uns als deine Mitarbeiter und Mitarbeiterinnen
im Vertrauen zu dir deiner Liebe entsprechen.

Gebetsstille
Vaterunser
Segen

Personen aus den Passionserzählungen: 2 - Judas

Vorspruch:

In Jesu Namen. Amen

Herr Gott, himmlischer Vater,
du hast deinen Sohn in die Welt gesandt,
daß er die Macht des Bösen besiege.
Wir bitten dich:
Stärke uns in aller Anfechtung,
daß wir in seiner Kraft dem Feind widerstehen,
ihn durch dein Wort überwinden.
Durch ihn, unseren Herrn Jesus Christus,
der mit dir und dem Heiligen Geist
lebt und regiert von Ewigkeit zu Ewigkeit.

Wohl dem, dem die Übertretungen vergeben sind,
dem die Sünde bedeckt ist !
Wohl dem Menschen, dem der Herr die Missetat nicht zurechnet,
in des Geist kein Falsch ist !
Denn da ich's wollte verschweigen,

verschmachteten meine Gebeine durch mein täglich Heulen.
Darum bekannte ich dir meine Sünde
und verhehlte meine Missetat nicht.
Ich sprach: Ich will dem Herrn meine Übertretungen bekennen.
Da vergabst du mir die Missetat meiner Sünde.
Du bist mein Schirm; du wirst mich vor Angst behüten,
daß ich errettet, gar fröhlich rühmen kann.

WOCHENSPRUCH
Dazu ist erschienen der Sohn Gottes, daß er die Werke des Teufels zerstöre.

1. Joh 3,8

Joh 18,1-5

Als Jesus das geredet hatte, ging er hinaus mit seinen Jüngern über den Bach Kidron; da war ein Garten, in den gingen Jesus und seine Jünger. Judas aber, der ihn verriet, kannte den Ort auch, denn Jesus versammelte sich oft dort mit seinen Jüngern. Als nun Judas die Schar der Soldaten mit sich genommen hatte und Knechte von den Hohenpriestern und Pharisäern, kommt er dahin mit Fackeln, Lampen und mit Waffen. Da nun Jesus alles wußte, was ihm begegnen sollte, ging er hinaus und sprach zu ihnen: Wen sucht ihr? Sie antworteten ihm: Jesus von Nazareth. Er spricht zu ihnen: Ich bin's! Judas aber, der ihn verriet, stand auch bei ihnen.

Mt 26,23-25

Er antwortete und sprach: Der die Hand mit mir in die Schüssel taucht, der wird mich verraten. Der Menschensohn geht zwar dahin, wie von ihm geschrieben steht; doch weh dem Menschen, durch den der Menschensohn verraten wird! Es wäre für diesen Menschen besser, wenn er nie geboren wäre. Da antwortete Judas, der ihn verriet, und sprach: Bin ich's, Rabbi? Er sprach zu ihm: Du sagst es.

Ich möchte eine **Rede zur Rechtfertigung des Judas** halten. Judas zu verurteilen ist leicht. Wer es tut, heult mit den Wölfen. Schon die biblische Überlieferung lässt kein gutes Haar an ihm. Da ist er **"Judas, der Verräter"**[10] und **"Judas, der Dieb"**[11].
Entsprechend wird er auch von den Künstlern dargestellt: In all den Darstellungen hat Judas nie ein freundliches, nie ein offenes Gesicht. Als ein windiger, ein fahriger, ein finsterer Geselle wird er dargestellt. Einer mit einem verschlossenen, einem undurchdringlichen

[10] Joh 18,5
[11] Joh 12,6

Gesicht. So wie die Künstler aller Zeiten ihn darstellten, ist nicht gut Kirschen essen mit ihm. Judas - ein Verfluchter; ein wie Kain als Übeltäter gekennzeichneter.
So hat ihn auch Leonardo da Vinci auf seinem berühmten Abendmahlsbild dargestellt: finster und fahrig, nach unten blickend, den Kontakt mit Jesus meidend. Das Salzfass direkt neben ihm hat er mit zitternder Hand verschüttet.

Ich möchte versuchen, Judas zu verstehen.
Fragen möchte ich: Was hatte er wohl im Sinn, als er den Weg zu den Soldaten und zu den Häschern antrat? Einen Freund verrät man nicht so einfach. Einen, den man bewundert und in dessen Nähe man den Himmel auf Erden erfährt, schon gar nicht.
Wer also hat Judas geritten? Ich glaube nicht, dass das alles nur die Absicht des Bösen war. War es gar eine Hoffnung, die ihn trieb?
Ich glaube, so war es! Judas glaubte Jesus. So, wie Petrus und die anderen ihm auch trauten. Aber Judas war ein Hitzkopf; darin dem Petrus sehr nah. Judas ging das alles nicht schnell genug. Er wollte die Wende; die Wende von der alten durch Fremdherrschaft und Tyrannei bestimmten Zeit zur neuen Welt Gottes, zum messianischen Reich. Gehörte er doch zu den Zeloten, den Revolutionären, zu denen, die für Freiheit und Unabhängigkeit kämpften.
Judas wußte, wer Jesus ist, und wollte, dass Jesus aufhört, seine messianische Macht zurückzuhalten, wollte vielmehr, dass Jesus diese Macht demonstriert. Hier in Jerusalem, hier vor den Festpilgern aus aller Welt soll Jesus den großen, den entscheidenden Sprung aus der Vertrautheit des kleinen Kreises wagen.
Hier und jetzt soll Jesus zeigen, dass mit ihm sein altes, geknechtetes Volk neuen Glanz erhält. Nicht erst Übermorgen oder in einer unbestimmten Zukunft; jetzt und hier soll Jesus zeigen, dass er der lang ersehnte Messias ist. Jetzt und hier soll, ja muss es geschehen; denn die Stunde ist günstig: Zum Passahfest versammelten sich Menschen aus aller Herren Länder in Jerusalem. Jetzt und hier vor den Augen der versammelten Welt soll Jesu Herrschaft als Messias beginnen. Jetzt und hier soll Gott ihm alles zu Fuß legen und ihm alles untertänig machen.
Diese Vorstellungen sind alles andere als neu; sie sind nicht nur dem Judas eigen. Nichts anderes als dies erhofften die Väter von dem ersehnten Messias. An diese Hoffnung dachte auch Maria, die Mutter Jesu, als sie ihren Lobgesang anstimmte:
"Meine Seele erhebt den Herrn und mein Geist freuet sich Gottes, meines Heilandes ... Er übt Gewalt mit seinem Arm... Er stößt die Gewaltigen vom Thron und erhebt

die Niedrigen. Die Hungrigen füllt er mit Gütern und lässt die Reichen leer ausgehen" [12]

Und von solcher Hoffnung erzählt eine Anekdote:

Rabbi Hilhell sitzt mit seinen Jüngern zum Lehrgespräch in der Synagoge. Da hören sie das Schofarhorn. Die Jünger springen auf: "Der Messias kommt. Der Messias ist da! Hört ihr das Schofarhorn?" Rabbi Hilhell geht gemessenen Schritts zum Fenster, öffnet die Vorhänge und schaut heraus. "Nein", sagt er seinen enttäuschten Jüngern, "der Messias ist noch nicht da. Ich sehe die Stadt vor mir wie eh und je. Es hat sich noch nichts verändert!"

"Was der alten Väter Schar höchster Wunsch und Sehnen war" [13], hier in dieser Anekdote sind alle Sehnsüchte und Wünsche Israels angesprochen. Wenn der Messias kommt, kommt mit ihm sein messianisches Reich, kommt mit ihm die neue, die ganz andere Welt Gottes! Solange die Welt sich nicht ändert, solange alles beim Alten bleibt, kann der Messias noch nicht gekommen sein!

Judas war ein glühend auf Gottes neue Welt Hoffender. Es dauerte ihm einfach zu lange, bis Jesus, sein Freund Jesus, seine Macht zeigte. Mit dem Dichter hätte er Jesus angefleht: *"Zeig deine Macht, Herr Jesu Christ, dass du Herr aller Herren bist!"* [14]

Aber Jesus machte keine Anstalten, die ungeduldige Hoffnung des Judas zu erfüllen.

Also, dachte Judas, dann muss ich nachhelfen. Ich werde alles beschleunigen. Wenn die Häscher kommen, dann wird Jesus seine messianische Macht zeigen. Wenn die Soldaten ihm den Haftbefehl unter die Nase halten, dann wird mit der Zurückhaltung Schluss sein. Dann *"bricht Jesus dem gewappneten Starken ins Haus"*, dann *"sprengt er des Feindes befestigte Schlösser"* und dann, dann endlich *"führt er die Gefangenen siegend heraus!"* [15]

Das war seine Hoffnung, das, das Motiv seiner Tat.

Wir wissen es und hören es erneut: Es kam anders. Die Rechnung des Judas ging nicht auf. Die befestigten Schlösser wurden nicht gesprengt. Die Gefangenen wurden nicht herausgeführt. Vielmehr wurde Jesus, der erhoffte Messias, schweigend und dies alles duldend, in Ketten gelegt und als Gefangener des Hochverrats angeklagt und seinen Richtern zugeführt.

Und als das alles geschah, **"verließen Jesus alle Jünger und flohen."** [16] Alle Jünger. Judas vermutlich war auch dabei. Und

---

[12] Lukas 1, aus 46-55
[13] Heinrich Held, EG 12,2
[14] Martin Luther, EG 193,2
[15] Johann Allendorf, EG 66,3
[16] Mt 26,56

"... am Morgen fassten alle Hohenpriester und die Ältesten des Volkes den Beschluß über Jesus, ihn zu töten, *und sie banden ihn, führten ihn ab und überantworteten* ihn dem Statthalter Pilatus. Als Judas, der ihn verraten hatte, sah, daß er zum Tode verurteilt war, reute es ihn, und er brachte die dreißig Silberlinge den Hohenpriestern und Ältesten zurück und sprach: Ich habe Unrecht getan, daß ich unschuldiges Blut verraten habe. Sie aber sprachen: Was geht uns das an? Da sieh du zu! Und er warf die Silberlinge in den Tempel, ging fort und erhängte sich." [17]

Gerechte Strafe für einen Verräter?

So wird es in der Auslegungsgeschichte gedeutet. Ich sehe es anders: Judas ist in seinen glühensten Hoffnungen enttäuscht worden. Enttäuscht worden ausgerechnet von dem, von dem er glaubte, dass er, der von Gott gesandte Erlöser zu sei. Der Lebenstraum des Judas war ausgeträumt. Was soll mein Leben, wenn das, was meinem Leben Inhalt, Richtung und Ziel gab, aus meinen Händen geschlagen wird?

Mit Judas habe ich Mitleid, denn Judas gehörte zu denen, von denen Jesus sagte: **Sie haben Ohren und hören nicht. Sie haben Augen und sehen nicht.** [18]

Judas hatte Augen, die nur Bilder seiner Hoffnungen wahrnehmen konnten. Judas hatte Ohren, die ausschließlich das hörten, was seinen Wünschen und Vorstellungen entsprach. Eins konnte Judas offensichtlich nicht: Gott zutrauen, dass seine Wege und seine Gedanken anders waren als die Wege seiner Träume.

Judas hatte sich ein Bild von Gott und seinem Messias gemacht. Dies Bild, - es war doch die Hoffnung der Väter. Von diesem Bild kam Judas nicht los. Er, der Revolutionär, konnte sich den Messias immer nur als Revolutionär vorstellen. Er, der Eiferer, konnte nicht anders, als sich den Messias als Schwert schwingenden Gewaltmenschen vorzustellen. Er, der sich in seinen Träumen als Triumphator über die anderen sah, er war nur in der Lage, sich einen Messias vorzustellen, der es den anderen schon zeigen wird.

Die Seligpreisungen scheint Judas verschlafen zu haben. Oder er hatte da Ohren, die nicht hören konnten.[19] Und beim Einzug in Jerusalem, da hatte Judas nicht wahrnehmen können, dass Jesus als Friedensfürst auf einem Esel und nicht als gewaltiger Triumphator auf einem Schlachtroß einzog.

Es ist ja auch nicht leicht, von seinen Träumen Abschied zu nehmen.

Es ist auch nicht selbstverständlich, in einem Gefangenen und Verspotteten und schließlich in einem, der eine Dornenkrone trägt, die Hoffnung der Welt zu entdecken. Trotz Jesu

---

[17] Mt 27,1-5
[18] Mt 11,15; Mt 13,16
[19] ebenda

Passion stellen wir uns nach wie vor Gott eher allmächtig und herrlich als leidend und ohnmächtig vor. Bevor wir vorschnell unsere Finger auf Judas richten um ihn zu verurteilen, sollten wir fragen: Worauf setze ich meine Hoffnung? Was sind meine Wünsche und Träume? Hoffe, wünsche und träume ich, was man so träumt, oder lasse ich meine Hoffnungen durch Jesus bestimmen?

- Jesus setzt auf Liebe gegen Gewalt.
- Jesus setzt auf Hoffnung gegen Berechnung.
- Jesus setzt auf Vertrauen gegen Absicherung.
- Jesus geht den Leidensweg und verzichtet auf Macht.

Wer mit Jesus zieht, sollte das nicht vergessen. Und er sollte nicht aufhören darum zu beten, dass er Augen bekommt, die sehen, und Ohren erhält, die wahrnehmen.

Gemeindelied: Laß mich dein sein und bleiben ... EG 157

Fürbittengebet

Gott, du stellst dich der Macht des Bösen entgegen.
Uns fehlt es an Kraft, dem Bösen zu widerstehen
und den Versuchungen standzuhalten.
Wir bitten dich: Stehe uns zur Seite,
wenn Träume uns verführen
oder wenn die Lust an der Macht uns erfaßt.
Bewahre uns durch Jesus,
der dem Versucher widerstand.
Unser Weg hat eine neue Richtung,
weil du, Gott, uns in Jesus Christus begegnet bist.
Darum bitten wir dich
für Menschen, die kein Ziel haben, daß sie ihren Weg finden,
für Zweifelnde, daß sie entschiedene Schritte tun können,
für allzu Sichere, daß sie nachdenklich werden,
für Grübler, daß sie sich nicht verrennen.
Wir sind nicht allein,
weil Jesus ein Mensch war wie wir,
versucht und gefährdet.
Darum bitten wir dich,
daß wir die verstehen,
die in Gefahr sind, am Leben zu scheitern:

Kinder, die ohne Liebe aufwachsen,
Jugendliche, die keinen eigenen Platz
in unserer Welt finden,
arbeitsunfähige Menschen, die sich überflüssig vorkommen.
Du bist ihre Zuflucht.
Wir können gegen Mißbrauch der Macht angehen,
weil Jesus sich den Verlockungen der Macht widersetzte.
Darum bitten wir dich
um Mut zum Widerstand
und Geduld im Leiden für alle,
die Unrecht aufdecken und ihm widerstehen,
die sich der Macht nicht beugen
und auf Gewalt verzichten.
Du wirst uns beschützen,
dir verdanken wir Weg und Ziel.....

Gebetsstille
Vaterunser
Segen

Personen aus den Passionserzählungen: 3 - Kaifas

Vorspruch:
In Jesu Namen. Amen

Gott, unser Vater, dein Erbarmen mit uns ist unbegreiflich.
Du schüttest deinen Zorn nicht über uns aus,
sondern überwindest unser Versagen, unsere Bosheit.
Wir bitten dich: Gib uns mehr Geduld mit uns selbst
und mehr Geduld mit den anderen,
damit wir einander davor bewahren, böse zu sein.
Wir bitten dich im Namen Jesu,
der mit dir und dem Heiligen Geist
lebt und regiert in Ewigkeit.

Herr, strafe mich nicht in deinem Zorn
und züchtige mich nicht in deinem Grimm.
Denn deine Pfeile stecken in mir,

und deine Hand drückt mich.
Es ist nichts Gesundes an meinem Leibe vor deinem Drohen,
und ist kein Friede in meinen Gebeinen vor meiner Sünde.
Denn meine Sünden gehen über mein Haupt;
wie eine schwere Last sind sie mir zu schwer geworden.
Ab ich harre, Herr, auf dich;
du, Herr, mein Gott, wirst erhören.
Verlaß mich nicht, Herr !
Mein Gott, sei nicht ferne von mir!
Eile, mir beizustehen,
Herr, meine Hilfe !

WOCHENSPRUCH

Gott erweist seine Liebe zu uns darin, daß Christus für uns gestorben ist, als wir noch Sünder waren. Röm 5,8

Mt 26,57-68

Die aber Jesus ergriffen hatten, führten ihn zu dem Hohenpriester Kaiphas, wo die Schriftgelehrten und Ältesten sich versammelt hatten. Petrus aber folgte ihm von ferne bis zum Palast des Hohenpriesters und ging hinein und setzte sich zu den Knechten, um zu sehen, worauf es hinaus wollte. Die Hohenpriester aber und der ganze Hohe Rat suchten falsches Zeugnis gegen Jesus, daß sie ihn töteten. Und obwohl viele falsche Zeugen herzutraten, fanden sie doch nichts. Zuletzt traten zwei herzu und sprachen: Er hat gesagt: Ich kann den Tempel Gottes abbrechen und in drei Tagen aufbauen. Und der Hohepriester stand auf und sprach zu ihm: Antwortest du nichts auf das, was diese gegen dich bezeugen? Aber Jesus schwieg still. Und der Hohepriester sprach zu ihm: Ich beschwöre dich bei dem lebendigen Gott, daß du uns sagst, ob du der Christus bist, der Sohn Gottes. Jesus sprach zu ihm: Du sagst es. Doch sage ich euch: Von nun an werdet ihr sehen den Menschensohn sitzen zur Rechten der Kraft und kommen auf den Wolken des Himmels. *Da zerriß der Hohepriester seine Kleider und sprach: Er hat Gott gelästert! Was bedürfen wir weiterer Zeugen? Siehe, jetzt habt ihr die Gotteslästerung gehört.* Was ist euer Urteil? Sie antworteten und sprachen: Er ist des Todes schuldig. Da spien sie ihm ins Angesicht und schlugen ihn mit Fäusten. Einige aber schlugen ihn ins Angesicht und sprachen: Weissage uns, Christus, wer ist's, der dich schlug?

Kaifas, der Repräsentant

Wen repräsentiert der Hohepriester? Nach dem DUDEN ist ein Repräsentant einer, der nicht in erster Linie in seinem eigenen Namen und Auftrag spricht. Ein Repräsentant stellt dar. Er vertritt. Er hat einen Auftrag wahrzunehmen. Er ist einem Botschafter gleich.

Ich nenne Kaifas einen Repräsentanten.

Wenn das stimmt, dann muss ich die Frage beantworten: Für wen handelt er? In wessen Namen und Auftrag spricht Kaifas? Naheliegend zu antworten: Kaifas spricht für die Juden. Er vertritt die Interessen des jüdischen Volkes. Ist dafür aber nicht Herodes, der schlitzohrige und gehaßte König, der auserkorene Mann, der Repräsentant?

Die Szene aus dem Passionsevangelium führt uns in den Hohenrat. Das Synhedrium, der Hoherat ist die höchste Instanz der jüdischen Religion. Sicherlich richtig, wenn wir sagen: Kaifas repräsentiert als Hoherpriester diese Synode, er ist autorisierter Sprecher und damit Repräsentant der jüdischen Religion.

Wenn ich Kaifas einen Repräsentanten nenne, dann ist mir auch diese Antwort viel zu eng gefaßt. So, wie sich Kaifas in der Anklage- und Verurteilungsszene verhält, repräsentiert er nicht nur eine Religion, nicht nur diese oder jene Gruppe: Kaifas repräsentiert die gesamte Menschheit. Kaifas spricht und handelt für uns alle!

Die Szene zwischen Kaifas und Jesus hat sich millionenfach wiederholt; - und wiederholt sich bis zum heutigen Tag. In den Passionsszenen, die uns im heutigen Evangelium erzählt werden, erleben wir mit, wie sich Menschen zusammensetzen, um über Gott zu richten. Ähnliche Szenen gab es schon in anderen biblischen Geschichten. Schon die ersten Menschen Adam und Eva fingen an, über Gott und seine Ordnungen zu richten**: "Sollte Gott wirklich gesagt haben ...?"**

Natürlich war das anders, etwas anders, damals im Garten Eden; aber vergleichbar sind diese Szenen schon! Hören wir nacheinander, welch verschiedene Aktivitäten von denen, die über Gottes Sohn zu Gericht saßen, ausgingen:

Da heißt es zunächst: **"Sie suchten falsch Zeugnis wider ihn."**

So also ist das. Da schwingen wir uns auf, um in einer ordentlichen Gerichtsverhandlung angeblich herauszufinden, ob der Angeklagte schuldig oder nicht schuldig sei. Aber bevor die Verhandlung vor der ehrenwerten Gerichtsinstanz beginnt, werfen wir als Ankläger Dreck auf die weiße Weste des Angeklagten. Wir suchen, wie man ihn beschuldigen kann, denn schon vor Gerichtsbeginn steht für uns fest, dass der, den wir für schuldig halten, auch schuldig ist.

Folgerichtig wird dies dann auch als zweite Aktivität des hohen Gerichts beschrieben: "Sie wollten ihn töten. Sie wollten ihn umbringen..."

Der Religionsbehörde als oberstes Gericht fällt nichts anderes ein, als Gott zu richten, um ihn loszuwerden. Offensichtlich stört Gott, stört dieser Gott unseren frommen Religionsbetrieb. Offensichtlich ist uns Menschen, uns frommen Menschen zumal, ein toter Gott viel lieber als ein lebendiger!

Die Rechnung geht zunächst nicht auf. In unserem Bemühen werden wir gebremst. Das Unternehmen, Gott abzuschaffen, erweist sich schwieriger als geplant. Denn so sehr wir auch überlegen, so sehr wir auch taktieren, so sehr wir auch nach Anschuldigungen suchen: "Sie finden nichts gegen ihn."

Wenn das so ist, dann gibt es doch nur eine Konsequenz: Erkennt, dass ihr falsch liegt. Gebt zu, dass ihr euch geirrt habt. Laßt ab von eurer Anklage. Gebt den, den ihr umbringen wollt, frei. Warum nicht das Eingeständnis: "Wir haben uns geirrt!"?

Das ist zuviel verlangt. Dagegen sträubt sich unser Herz und unser Stolz. Was wir uns vorgenommen haben, wird durchgezogen. Wie sagt man doch: Augen zu und durch.

So also geht das grausame, das schandhafte Verurteilungsspiel weiter: "Sie verdrehen seine Worte." ... **Zuletzt traten zwei herzu und sprachen: Er hat gesagt: Ich kann den Tempel Gottes abbrechen und in drei Tagen aufbauen.**

Und der Hohepriester stand auf und sprach zu ihm: Antwortest du nichts auf das, was diese gegen dich bezeugen? Aber Jesus schwieg still. Und der Hohepriester sprach zu ihm: Ich beschwöre dich bei dem lebendigen Gott, dass du uns sagst, ob du der Christus bist, der Sohn Gottes. Jesus sprach zu ihm: Du sagst es. Doch sage ich euch: Von nun an werdet ihr sehen den Menschensohn sitzen zur Rechten der Kraft und kommen auf den Wolken des Himmels.

Da zerriß der Hohepriester seine Kleider und sprach: Er hat Gott gelästert! Was bedürfen wir weiterer Zeugen?

Siehe, jetzt habt ihr die Gotteslästerung gehört. Kann es ein klarere Antwort geben?

Der, der uns nahelegt, dass unsere Rede kein Drumherumreden sein soll, der uns nahelegt, dass unser Ja ein Ja und unser Nein ein Nein sein soll, der hält sich an diese Regel: Und der Hohepriester sprach zu ihm: **Ich beschwöre dich bei dem lebendigen Gott, dass du uns sagst, ob du der Christus bist, der Sohn Gottes.**

Jesus sprach zu ihm: Du sagst es. Da gibt sich Gott uns Menschen zu erkennen; aber keiner fällt nieder. Keiner betet an. Keiner erweist ihm die Ehre, die Gott zukommt. Keiner von uns; von uns frommen Leuten. Wir alle glauben Gott nicht, dass er Gott sei! Wir alle strafen Gott Lügen.

Wir alle. Und Kaifas als unser Repräsentant treibt das grausame Spiel der Anklage, der Verurteilung und des Todes Gottes weiter:

Wir, die wir es eigentlich wissen sollten, weil wir es lehren. Wir mißbrauchen den Namen des Heiligen. Wir schwören. Wir rufen den lebendigen Gott in unser schmutziges, in unser tödliches Spiel.

Nicht den lebendigen Gott, der da tatsächlich vor uns steht und der sich zu erkennen gibt. Nein, den Gott rufen wir in unser Spiel, den wir anderen als Droh- und Machtinstanz entgegenhalten. Und so finden wir schließlich, was wir finden wollten und zelebrieren unser tödliches Recht mit theatralischer Geste: Da zerriß der Hohepriester seine Kleider und sprach: Er hat Gott gelästert! Was bedürfen wir weiterer Zeugen? Siehe, jetzt habt ihr die Gotteslästerung gehört. Was ist euer Urteil? Sie antworteten und sprachen: Er ist des Todes schuldig.

So haben wir Menschen seit jeher mitgewirkt an der Anklage und schließlich an der Abschaffung Gottes. Ein toter Gott kann uns nur nützlich sein. Ist Gott abgeschafft und vernichtet, können wir mit unseren Ansichten und Einsichten, mit unseren Gefühlen und Machtinteressen schalten und walten, wie wir wollen.

Wenn es den Allmächtigen und Barmherzigen nicht mehr gibt, dann treten wir – brutalstmöglich - auf mit unserer Macht. Wohl wahr! Kaifas handelt, Kaifas redet wie wir. Mit frommen Worten und theatralischer Geste führt er uns vor Augen, dass wir den lebendigen Gott in unserer Mitte eigentlich gar nicht wollen. Auch an Kaifas wird Jesus gedacht haben und damit an einen jeden von uns, wenn er vom Kreuz aus seinen Vater bittet: **"Vergib ihnen. Sie wissen nicht, was sie tun!"**

Ja, guter, allmächtiger und lebendiger Gott, vergib uns allen unsere Gottlosigkeit. Vergib, dass wir nicht aufhören zu urteilen und abzuurteilen, nicht aufhören uns zu rächen und zu richten, nicht aufhören uns brutalstmöglich gegen andere und gegen ihre Interessen und damit gegen dich, du Gott des Lebens, durchzusetzen.

Nun was du, Herr, erduldet, ist alles meine Last.
Ich habe selbst verschuldet, was du getragen hast.

Gemeindelied: Wenn wir in Höchsten Nöten sein ... EG 366

FÜRBITTENGEBET:

Gott, unser Vater, wir danken dir,
daß dein Wort uns bis heute erreicht.
Du hast Jesus Christus, deinen Sohn,
als den Beweis deiner Liebe
zu den Menschen gesandt.
Er wurde verlacht,
er mußte leiden,
er wurde gekreuzigt.
Er stirbt noch heute unter uns,

wo Gewalt und Mißtrauen herrschen
und deine Botschaft abgelehnt wird.
Wir bitten dich:
Mach uns zu Boten des Evangeliums,
und schenke uns die Kraft deines Geistes,
daß wir den Mut nicht verlieren,
wenn man uns hart zusetzt;
daß wir nicht gleichgültig werden,
wenn man von dir nichts mehr erwartet.
Wir wollen uns in die Verantwortung
für die Menschen rufen lassen, weil wir sehen:
Viele verzweifeln, und niemand richtet sie auf;
viele fragen und bekommen keine Antwort;
viele leben und wissen nicht, warum;
viele sterben und haben keine Hoffnung.
Gott, für alle diese Menschen
beten wir zu dir und bitten dich:
Lehre uns die Sprache der Liebe,
damit wir ihnen ihr Elend tragen helfen.
So wird dein Friedensreich unter uns aufgerichtet.

Gebetsstille
Vaterunser
Segen

Personen aus den Passionserzählungen: 4 – Petrus

Vorspruch:
In Jesu Namen. Amen

Vor uns bist du, Gott.
Doch wir sehen zurück,
Erinnerungen halten uns fest.
Wir bitten dich:
Weite uns den Blick nach vorn,
dein Reich wahrzunehmen.
Beflügele unsere Phantasie,
das Mögliche zu entdecken und zu tun.

Festige uns im Glauben
durch Jesus Christus. -Amen-

Gott, sei mir gnädig nach deiner Güte
und tilge meine Sünden nach deiner großen Barmherzigkeit.
Wasche mich wohl von meiner Missetat
und reinige mich von meiner Sünde.
Denn ich erkenne meine Missetat,
und meine Sünde ist immer vor mir.
An dir allein habe ich gesündigt
und übel vor dir getan.
Schaffe in mir, Gott, ein reines Herz,
und gib mir einen neuen, gewissen Geist.
Verwirf mich nicht von deinem Angesicht
und nimm deinen heiligen Geist nicht von mir.
Tröste mich wieder mit deiner Hilfe
und mit einem freudigen Geist rüste mich aus.

WOCHENSPRUCH

Wer seine Hand an den Pflug legt und sieht zurück, der ist nicht geschickt für das Reich Gottes. Lk 9,62

Mt 16,21-23

Seit der Zeit fing Jesus an, seinen Jüngern zu zeigen, wie er nach Jerusalem gehen und viel leiden müsse von den Ältesten und Hohenpriestern und Schriftgelehrten und getötet werden und am dritten Tage auferstehen. Und Petrus nahm ihn beiseite und fuhr ihn an und sprach: Gott bewahre dich, Herr! Das widerfahre dir nur nicht! Er aber wandte sich um und sprach zu Petrus: Geh weg von mir, Satan! Du bist mir ein Ärgernis; denn du meinst nicht, was göttlich, sondern was menschlich ist.

Mt 26,31-35

Da sprach Jesus zu ihnen: In dieser Nacht werdet ihr alle Ärgernis nehmen an mir. Denn es steht geschrieben (Sacharja 13,7): »Ich werde den Hirten schlagen, und die Schafe der Herde werden sich zerstreuen.« Wenn ich aber auferstanden bin, will ich vor euch hingehen nach Galiläa. Petrus aber antwortete und sprach zu ihm: Wenn sie auch alle Ärgernis nehmen, so will ich doch niemals Ärgernis nehmen an dir. Jesus sprach zu ihm: Wahrlich, ich sage dir: In dieser Nacht, ehe der Hahn kräht,

wirst du mich dreimal verleugnen. Petrus sprach zu ihm: Und wenn ich mit dir sterben müßte, will ich dich nicht verleugnen. Das gleiche sagten auch alle Jünger.

Mt 26,47-54

Und als er noch redete, siehe, da kam Judas, einer von den Zwölfen, und mit ihm eine große Schar mit Schwertern und mit Stangen, von den Hohenpriestern und Ältesten des Volkes. Und der Verräter hatte ihnen ein Zeichen genannt und gesagt: Welchen ich küssen werde, der ist's; den ergreift. Und alsbald trat er zu Jesus und sprach: Sei gegrüßt, Rabbi! und küßte ihn. Jesus aber sprach zu ihm: Mein Freund, dazu bist du gekommen? Da traten sie heran und legten Hand an Jesus und ergriffen ihn. Und siehe, einer von denen, die bei Jesus waren, streckte die Hand aus und zog sein Schwert und schlug nach dem Knecht des Hohenpriesters und hieb ihm ein Ohr ab. Da sprach Jesus zu ihm: Stecke dein Schwert an seinen Ort! Denn wer das Schwert nimmt, der soll durchs Schwert umkommen. Oder meinst du, ich könnte meinen Vater nicht bitten, daß er mir sogleich mehr als zwölf Legionen Engel schickte? Wie würde dann aber die Schrift erfüllt, daß es so geschehen muß?

Mt 26,69-75

Petrus aber saß draußen im Hof; da trat eine Magd zu ihm und sprach: Und du warst auch mit dem Jesus aus Galiläa. Er leugnete aber vor ihnen allen und sprach: Ich weiß nicht, was du sagst. Als er aber hinausging in die Torhalle, sah ihn eine andere und sprach zu denen, die da waren: Dieser war auch mit dem Jesus von Nazareth. Und er leugnete abermals und schwor dazu: Ich kenne den Menschen nicht.
Und nach einer kleinen Weile traten hinzu, die da standen, und sprachen zu Petrus: Wahrhaftig, du bist auch einer von denen, denn deine Sprache verrät dich. Da fing er an, sich zu verfluchen und zu schwören: Ich kenne den Menschen nicht. Und alsbald krähte der Hahn. Da dachte Petrus an das Wort, das Jesus zu ihm gesagt hatte: Ehe der Hahn kräht, wirst du mich dreimal verleugnen. Und er ging hinaus und weinte bitterlich.

Drei Finger der Hand, mit der wir auf einen anderen zeigen, weisen auf uns selbst zurück. Wir sollten daran denken, wenn wir auf Petrus zeigen. Dabei ist nichts zu beschönigen: In der Passionsgeschichte macht Petrus alles andere als eine gute Figur. Aber dieser Petrus, der so ist, wie er ist, ist und bleibt Jesu Freund. Dieser Petrus, ob er uns nun gefällt oder nicht, wird von Jesus beauftragt seine **"Lämmer zu weiden."** [20]

[20] Johannes 21,15

Wenn wir das nicht aus dem Auge verlieren, dann sind wir davor bewahrt, in unserem Urteil über Petrus maßlos zu werden. Das beste wird sein, wir nehmen uns vor, gar nicht zu urteilen.
Diesen Petrus hat Jesus zu seinem Nachfolger bestellt. Jesus rief ihn zusammen mit seinem Bruder Andreas von den Fischerbooten weg in die Jüngerschaft. Statt Fische, so wollte es Jesus, sollte Petrus fortan Menschen in die Nachfolge berufen. Petrus wurde Zeuge Jesu; Blutzeuge sogar.
So lebt und wirkt Petrus später. Petrus, der Freund Jesu. Freunde hat man nicht. Um Freundschaft müssen wir uns ein Leben lang bemühen. Es hat Jesus Mühe gemacht, viel Mühe, bevor Petrus Jesu Freund wurde.

In der erste Szene,
die uns Matthäus der Evangelist schildert, erleben wir mit, wie Petrus, der Freund, Jesus zum Satan wird. So ist das: Freunde können uns zum Versucher, zum Teufel werden. Der Weg vom Freund, vom treuen Weggefährten zum Satan hat oft nur die Länge eines kleinen Wortes.
Das satanische Wort des Petrus? Jesu Bewahrung wollte er. Petrus wollte nicht, dass Jesus, sein Freund Jesus, in Konflikte gerät. Petrus wollte Jesus vor dem sicheren Tod bewahren. Nichts anderes als das, was ein Freund für einen Freund will, wollte Petrus auch. Was Liebende und Freunde einander wünschen, war auch der Wunsch des Petrus*: "Gesundheit und ein langes Leben möge Gott, der Herr, dir geben!"*
"Geh weg von mir, Satan!" [21] Von seinem Freund erwartet Jesus, dass er ihm hilft, seiner Bestimmung, seiner Sendung treu zu bleiben. Aber Petrus wollte "Gesundheit und ein langes Leben" für Jesus, den Freund. Jesus sagt: Das sind teuflische Gedanken.

In der zweiten Szene
begegnet uns Petrus, der Haudegen. So ist Petrus nun mal. Er weiß, was er will, und das, was er will, will er ganz. Jesus den Freund will er retten und bewahren. Mit seinem Wunsch in der ersten Szene; mit dem Schwert in der Hand in der zweiten.
Jesus, der Mann Gottes, braucht und will keine Verteidigung. Während die weltlichen Fürsten herrschen, ihre Macht auf Soldaten und ihren Einfluss durch Kanonen sichern, ist Jesu Macht der Wille Gottes. Und Gottes Wille ist, dass Jesus kommt, um uns Verlorene zu suchen. Retten und selig machen will er, was verloren ist. Neues soll in diese alte Welt kommen. Neues Leben, das aus der Vergebung erwächst und das der Liebe traut. Das ist Jesu Bestimmung. Das ist sein Weg. Dazu ist Jesus in diese Welt gekommen.

---
[21] Matthäus 16,23

Das Schwert, das dreinschlägt, wiederholt die alte Leier von Gewalt und Gegengewalt, von Auge um Auge und Zahn um Zahn. "So nicht, Petrus!"

Auch in der dritten Szene

bekundet der Freund dem Freund seine Treue. *"Bei dir, Jesu, will ich bleiben ..."* [22]

"Jesus", sagt Petrus, "ich bin dein Freund und werde es immer bleiben. Auf mich, deinen Freund, ist Verlass!" "Weißt du, Petrus, wie du in der Nacht, wenn es dunkel ist, reagierst? Nimm deinen Mund nicht zu voll." Jesus weiß, wie wenig ein Bekenntnis, wie wenig ein Treueschwur in ungefährdeten Zeiten wert ist.

Man sagt, dass der Satte nicht weiß, wie es dem Hungrigen zumute ist. Das mag stimmen. Es stimmt allemal, dass einer, der ungefährdet seinen Glauben bekennt, nicht ahnt, wie die Knie zittern, wenn das Bekenntnis Leib und Leben kosten kann. Erst in der Stunde der Bewährung, im Sterben und in Todesnot wird es sich zeigen, ob unser Glaube ein nachgesprochenes Lippenbekenntnis oder unser Lebensbekenntnis war.

In der letzten Szene

reift Petrus zum Menschenfischer. Hier erst erkennt er, wie es tatsächlich um ihn steht. Hier wird dem großmäuligen Bekenner klar, dass er keinen Deut anders ist als all die anderen. Petrus wie wir: Verzagt. Wankelmütig. Angstbesetzt und nur auf Sicherheit bedacht. Aufs Durchkommen aus. Wohl glauben wollend, aber nicht fähig, durchzuhalten. Als Jesus nach seiner Verleugnung ihn anschaut und als der Hahn kräht, wird ihm dies alles klar. Wird ihm klar, dass er von sich aus "nichts zu bringen" [23] hat; aber dass Jesus bei ihm bleibt. Petrus lebt nicht weiter, weil er ein Glaubensheld wäre; Petrus lebt, weil Jesus trotz allem zu ihm steht. So und nicht anders wird Petrus reif zum Beruf des Menschenfischers. Nun weiß er, dass er "glimmender Docht ist" [24], der aber nicht ausgelöscht wird. Nun weiß er, das er ein "geknicktes Rohr" ist – das aber nicht abgebrochen wird. Als Schwacher erfährt er, dass Gottes Kraft alles vermag. [25]

Welch eine Wandlung!

Petrus, der sein bisheriges Leben lang glaubte, mit großen Worten, mit dem Schwert in der Hand und mit durchgehaltener, heldischer Glaubenstreue sich schützend vor Jesus, de Gottessohn, stellen zu müssen, dieser Petrus weiß nun, wie wir zum Menschenfischer reifen. Petrus hat erkennen müssen und das glaubt er nun: *"Mit unserer Macht ist nichts getan. Wir sind gar bald verloren; es streit' für uns der rechte Mann, den Gott hat selbst*

---

[22] Philipp Spitta, EG 406
[23] C.F.A. Krummacher, EG 407
[24] Jesaja 42,3
[25] 2. Korinther 12,9; Philipper 4,13

erkoren. Fragst du, wer der ist? Er heißt Jesus Christ, der Herr Zebaoth, und ist kein anderer Gott. Das Feld muss er behalten!" [26]

Gemeindelied: Wenn meine Sünd mich kränken ... EG 82

FÜRBITTENGEBET

Jesus Christus, ich komme zu dir,
ich gebe dir alles, was ich habe:
meine Hoffnung und meinen Zweifel,
meine Sehnsucht und meine Ohnmacht.
Sei mein Weg, meine Wahrheit,
hilf mir leben.
Herr Jesus Christus, wir bitten dich:
Nimm uns mit auf deinen Weg,
daß wir Liebe lernen und Frieden finden.
Wir bitten dich: Nimm uns mit auf deinen Weg,
daß wir lernen, zärtlich und einfühlsam zu sein,
und einander zu achten und zu beschützen.
Wir bitten dich: Nimm uns mit auf deinen Weg,
daß wir ehrlich und verantwortungsvoll unsere Arbeit tun,
daß wir uns fernhalten von unsauberen Geschäften
und für Gerechtigkeit eintreten.
Wir bitten dich: Nimm uns mit auf deinen Weg,
daß die Herzen frei werden,
nicht gefangen durch Einfluß und Macht,
daß die Sinne klar bleiben,
nicht verblendet durch Geld und Besitz.
Wir bitten dich: Nimm uns mit auf deinen Weg,
daß dein Wort in unseren Worten widerklingt,
nicht leeres oder böses Geschwätz,
daß unser Reden hilfreich und befreiend ist,
dankbar gestimmt und voll Hoffnung.
Wir bitten dich:
Nimm uns mit auf deinen Weg,
als Gottes geliebte Kinder,

---

[26] Martin Luther, EG 362,2

daß wir verwandelt werden aus Finsternis zum Licht.

Gebetsstille

Vaterunser

Segen

Personen aus den Passionserzählungen: 5 – Pilatus

Vorspruch:

In Jesu Namen. Amen

Gott, in Jesus Christus gibst du dich ganz.
Manchmal fällt es uns schwer, darauf zu vertrauen,
daß aus seinem Sterben neues Leben erwächst.
Erweise uns die Hingabe deines Sohnes
als den Weg, dem wir folgen können:
durch Sterben zum Leben.

Herr, höre mein Gebet
und laß mein Schreien zu dir kommen.
Verbirg dein Antlitz nicht vor mir in der Not, neige deine Ohren zu mir;
wenn ich dich anrufe, so erhöre mich bald.
Meine Tage sind dahin wie ein Schatten,
und ich verdorre wie Gras.
Du aber, Herr, bleibst ewiglich
und dein Gedächtnis für und für.
Du wollest dich aufmachen und über Zion erbarmen;
denn es ist Zeit, daß du ihr gnädig seist, und die Stunde ist gekommen.
Der Herr schaut von seiner heiligen Höhe,
und er sieht vom Himmel auf die Erde,
daß er das Seufzen des Gefangenen höre
und losmache die Kinder des Todes.

WOCHENSPRUCH

Wenn das Weizenkorn nicht in die Erde fällt und erstirbt, bleibt es allein; wenn es aber erstirbt, bringt es viel Frucht. Joh 12,24

Joh 18,28-40

Da führten sie Jesus von Kaifas zum Prätorium; es war früh am Morgen. Und sie gingen nicht hinein, damit sie nicht unrein würden, sondern das Passamahl essen könnten. Da kam Pilatus zu ihnen heraus und fragte: Was für eine Klage bringt ihr gegen diesen Menschen vor? Sie antworteten und sprachen zu ihm: Wäre dieser nicht ein Übeltäter, wir hätten ihn dir nicht überantwortet. Da sprach Pilatus zu ihnen: So nehmt ihr ihn hin und richtet ihn nach eurem Gesetz. Da sprachen die Juden zu ihm: Wir dürfen niemand töten. So sollte das Wort Jesu erfüllt werden, das er gesagt hatte, um anzuzeigen, welchen Todes er sterben würde. Da ging Pilatus wieder hinein ins Prätorium und rief Jesus und fragte ihn: Bist du der König der Juden? Jesus antwortete: Sagst du das von dir aus, oder haben dir's andere über mich gesagt? Pilatus antwortete: Bin ich ein Jude? Dein Volk und die Hohenpriester haben dich mir überantwortet. Was hast du getan? Jesus antwortete: Mein Reich ist nicht von dieser Welt. Wäre mein Reich von dieser Welt, meine Diener würden darum kämpfen, daß ich den Juden nicht überantwortet würde; nun aber ist mein Reich nicht von dieser Welt. Da fragte ihn Pilatus: So bist du dennoch ein König? Jesus antwortete: Du sagst es, ich bin ein König. Ich bin dazu geboren und in die Welt gekommen, daß ich die Wahrheit bezeugen soll. Wer aus der Wahrheit ist, der hört meine Stimme. Spricht Pilatus zu ihm: Was ist Wahrheit? Und als er das gesagt hatte, ging er wieder hinaus zu den Juden und spricht zu ihnen: Ich finde keine Schuld an ihm. Es besteht aber die Gewohnheit bei euch, daß ich euch einen zum Passafest losgebe; wollt ihr nun, daß ich euch den König der Juden losgebe?

Da schrien sie wiederum: Nicht diesen, sondern Barabbas! Barabbas aber war ein Räuber.

Mit Pilatus wird die hohe Politik in den Prozeß Jesu hineingezogen. Pilatus selbst wird nicht aktiv. Von Kaifas, vom Hohenrat aus geht die Vernichtungsprozession in das Haus des Pilatus.

Warum? Wir wissen es längst, wir kennen das grausame Spiel, das wir Menschen seit Adams Tagen spielen: Wir wissen, was wir wollen. Den Kopf dessen wollen wir, der uns nicht passt, der unsere Kreise stört; aber die Verantwortung für das blutige Geschäft, die soll ein anderer tragen.

Bei Adam - jenseits von Eden - klang das so: **"Das Weib, das du mir gegeben hast, das hat mich verführt. Und die Schlange da."** Ich nicht! Ich nicht!

So wird seit jenen Tagen die Politk in alles, was auch geschieht, hineingezogen und für alles, was wir wollen, verantwortlich gemacht.

Im Glaubensbekenntnis sprechen wir "Jesus Christus... gelitten unter Pontius Pilatus...".
Hat Jesus wirklich unter Pontius Pilatus gelitten? Den Todesbeschluss fassten doch andere. Anklage, Prozess und das Todesurteil sprach doch nicht Pilatus, der Platzhalter des fernen römischen Kaisers.
Pilatus, zu dem Jesus, der bereits Verurteilte, geschleppt wurde, durchschaute das Spiel. Und Pilatus sagt, was er von diesem Treiben hält. **"Was bringt ihr gegen ihn vor... Ich finde keine Schuld an ihm."**
Aber... und nun kommt, was Pilatus anzukreiden ist. Er, der sich von der Unschlud des Angeklagten überzeugt hat, will die Gunst des Kaisers, den er zu vertreten hat, nicht verlieren. Um gut Wetter für sich und für sein gehasstes Amt ist er auch bemüht. Welch Volk hat Fremdherrschaft je geduldet oder gar geliebt?
Was Micha, der Prophet, viele Jahre vorher sagte, trifft auch auf Pilatus, den taktierenden Politiker, zu:
"Ihre Hände sind beschäftigt, Böses zu tun. Der Fürst und der Richter fordern Geschenke. Die Gewaltigen reden nach ihren Mutwillen... und drehen, wie sie's wollen ..." [27]
Wenn's seit je her so war und bis in unsere Tage hinein so ist, war Pontius Pilatus alles andere als ein grausamer Potentat. Pilatus war vielmehr ein mildes Exemplar seiner Klasse. Pilatus wollte nichts Böses tun. Er witterte Böses. Wollte es verhindern. Schob aber die Verantwortung von sich. Damit stellt er sich denen gleich, die Jesus zu ihm schleppten. *Schließlich diese theaterreife Szene:* Pilatus spürt, dass er das Blut Jesu von seinen Händen, von seiner Person nicht los wird. So wäscht er sie und spielt die Unschuld vom Lande.
Er **"drehte es nicht, wie er's wollte!"** Das ist nicht Pilatus Art. Da war Kaifas der große Meister. Er, Pilatus, zieht sich raus. Er stellt sich der Verantwortung, die er hat, nicht. Das, was sein Gewissen sagt, verdrängt er. Er wollte von alledem, was man ihm vortrug, nicht behelligt werden. Macht, was ihr wollt. Laßt mich in Ruhe. Und mein Amt lasst mir, die Pfründe meines Lebens.
So stell ich mir den Pilatus vor. Er wollte hier im fernen Land den Kaiser spielen. Wollte Glanz und Macht und seine Ruhe haben. Er war einer, der es allen recht machen wollte.
Und Angst hatte er. Angst, das zu verlieren, was er besaß. So wurde Pilatus schuldig. So übertrat er das fünfte Gebot, ohne Blut an seinen Fingern zu haben. Pilatus, ein Schreibtischmörder aus mangelnder Zivilcourage!

---

[27] Micha 7,3

Jetzt sind die anderen dran, seine Soldaten. Sie sollen für ihn das blutige Handwerk treiben. Pilatus ließ alles geschehen. Seine Maxime: Gib der Meute, was sie wollen. So überantwortete er Jesus dem Galgen und ließ Barabbas, den Räuber und Mörder frei.
Es geschieht, was geschehen sollte. Der Wechsel vollzieht sich: Der erste, der von Jesu stellvertretendem Leiden und Sterben profitiert ist Barabbas. Barabbas, der Mörder, darf leben, und Jesus stirbt als sein Christus, als sein Erlöser, an seiner Stelle. Barabbas darf leben, weiterleben – und wir mit ihm!

Gemeindelied: Jesu, meine Freude ... EG 396

FÜRBITTENGEBET

Gott, du bist den Leidenden nah,
du bist den Weg des Leidens zu Ende gegangen,
durch den Tod hindurch zum Leben.
Wir fürchten um unser Leben, wenn wir hören und sehen,
was Menschen aushalten müssen, was ihnen zugemutet wird.
Wir erschrecken und hoffen, daß es uns nicht trifft.
Wir möchten glauben, daß du auch dann bei uns bist,
wenn wir Angst haben, wenn wir Schmerzen haben,
wenn wir mit uns nicht zurecht kommen.
Wir bitten dich für die Menschen,
die den Tod auf sich zukommen sehen:
Laß ihre Hoffnung wachsen und ihre Angst kleiner werden.
Wir beten für die Menschen, die in Ungewißheit leben,
die sich von Spannungen wie zerrissen fühlen:
Gib ihnen deinen Frieden, der alle Vernunft übersteigt.
Wir rufen dich an für die Verbitterten,
denen über ihrem Schicksal der Glaube zerbrochen ist:
Gib ihnen Menschen, durch die sie deine Liebe erfahren
wie ein Licht in ihrer Finsternis.
Wir bitten dich für die, denen ihr Leben sinnlos erscheint,
die es wegwerfen möchten:
Tritt ihnen in den Weg,
laß sie begreifen, daß sie für andere eine Hilfe sein können.
Gott, wir bitten dich für uns alle:
Wenn wir nicht wissen, warum dieses Unglück,

warum diese Krankheit, warum dieser Tod,
dann laß diese Fragen uns nicht von dir trennen.
Hilf uns glauben: Deine Liebe führt uns auch Wege,
die wir nicht verstehen,
durch den Tod hindurch zum Leben.

Gebetsstille
Vaterunser
Segen

Personen aus den Passionserzählungen: 6 – Simon der Kreuzträger

Vorspruch:
In Jesu Namen. Amen

Lebendiger Gott,
dein Sohn ist für uns gestorben, damit wir leben,
du leidest mit uns an dieser Welt.
Wir sehnen uns mit dir nach Gerechtigkeit und Frieden.
Damit aus Schreien der Verzweiflung und Angst
ein Loblied wachsen kann,
beten wir zu dir durch Jesus Christus. - Amen -

Herr, erhöre mein Gebet, vernimm mein Flehen um deiner Wahrheit willen,
erhöre mich um diener Gerechtigkeit willen
und gehe nicht ins Gericht mit deinem Knechte;
denn vor dir ist kein Lebendiger gerecht.
Errette mich, mein Gott, von meinen Feinden;
zu dir habe ich Zuflucht.
Lehre ich tun nach deinem Wohlgefallen; denn du bist mein Gott,
dein guter Geist führe mich auf ebener Bahn.
Herr, erquicke mich um deines Namens willen,
führe meine Seele aus der Not
um deiner Gerechtigkeit willen.

WOCHENSPRUCH

Der Menschensohn ist nicht gekommen, dass er sich dienen lasse, sondern dass er diene und gebe sein Leben zu einer Erlösung für viele. Mt 20,28

Mt 27,22-32

Pilatus sprach zu ihnen: Was soll ich denn machen mit Jesus, von dem gesagt wird, er sei der Christus? Sie sprachen alle: Laß ihn kreuzigen! Er aber sagte: Was hat er denn Böses getan? Sie schrien aber noch mehr: Laß ihn kreuzigen! Als aber Pilatus sah, dass er nichts ausrichtete, sondern das Getümmel immer größer wurde, nahm er Wasser und wusch sich die Hände vor dem Volk und sprach: Ich bin unschuldig an seinem Blut; seht ihr zu! Da antwortete das ganze Volk und sprach: Sein Blut komme über uns und unsere Kinder! Da gab er ihnen Barabbas los, aber Jesus ließ er geißeln und überantwortete ihn, dass er gekreuzigt werde. Da nahmen die Soldaten des Statthalters Jesus mit sich in das Prätorium und sammelten die ganze Abteilung um ihn. Und zogen ihn aus und legten ihm einen Purpurmantel an und flochten eine Dornenkrone und setzten sie ihm aufs Haupt und gaben ihm ein Rohr in seine rechte Hand und beugten die Knie vor ihm und verspotteten ihn und sprachen: Gegrüßet seist du, der Juden König! und spien ihn an und nahmen das Rohr und schlugen damit sein Haupt. Und als sie ihn verspottet hatten, zogen sie ihm den Mantel aus und zogen ihm seine Kleider an und führten ihn ab, um ihn zu kreuzigen. Und als sie hinausgingen, fanden sie einen Menschen aus Kyrene mit Namen Simon; den zwangen sie, dass er ihm sein Kreuz trug.

Viel wissen wir von ihm nicht.

Wir kennen seinen Namen. Cryenaika, seinen Heimatort, oder Kyrene, wie Luther übersetzte. Und, dass sie ihn zwangen, Jesu Kreuz zu tragen.

Dies wenige, was wir wissen, ist seit zweitausend Jahren unvergessen. In allen Kreuzwegen wurde es dargestellt. Die Szene auf Leinwand gepinselt, in Stein gemeißelt, in Bronze gegossen. Wer hat von ihm noch nicht gehört, wer kennt ihn nicht: Simon, den Kreuzträger?

Eigentlich hatte der Verurteilte das Kreuz selber zu tragen. Die vorausgegangene Verspottung und Geißelung, die Dornenkrönung und schließlich die Todesangst nahmen dem Todgeweihten die letzten Kräfte. Halbtot geschlagen, aus vielen Wunden blutend kann er sich nicht mehr bewegen, geschweige denn den schweren Querbalken des Kreuzes tragen. So versagten die Beine ihm ihren Dienst. Jesus strauchelte. Er war seiner nicht mehr mächtig und fiel nieder. Vor ihm Golgatha. Der Längsbalken seines Kreuzes warete schon auf ihn. An ihm sind vorher schon hunderte von Räubern und Mördern und Revolutionären erstickt, verblutet, wie ein gequältes Tier verreckt. Los, halt uns nicht auf. Wir müssen, wir wollen das blutig-bestialische Geschäft mit dir treiben."... die Soldaten pressten Simon, Jesu Kreuz zu tragen."

Warum diese Hilfe?

Ein kleine Erleichterung war es schon, den vor Schmerz und Todesangst Taumelnden von der Last des Querbalkens zu befreien.

Brutal und gefühllos kommen sie uns vor, die Henkersmeister und –knechte. Fähig waren sie, ihren Schabernack mit dem zu treiben, von dem man sagte, er habe sein Recht auf Leben verspielt.

Verspotten konnten sie ihn. Anspucken. Auspeitschen. Verhöhnen. Mit Eisenhaken ihm Fleischfetzen aus dem Körper schlagen und zu ihrer Belustigung ihm eine Krone aus Dornen ins Gesicht drücken.

Aber nun in der Nähe des blutüberströmt Geschwächten, da hielten sie es nicht mehr aus.

Was sie selbst angerichtet hatten, das konnten, das wollten sie nicht weiter ertragen.

Ihnen ging's nicht schnell genug. Denn immer wieder brach der Verurteilte zusammen.

So wird's gewesen sein. Denn schnell sollte ja alles gehen. Ja kein Aufruhr. Ja kein Volksauflauf. Und vor dem Fest sollte alles vorüber sein.

Was sie nun mit ansehen mussten, war nicht mehr zu verhindern. Wo gelitten wird, da wird auch getuschelt und gegafft, da wird gespottet und gelacht. Dahin strömt die gaffende, die sich ereifernde Menge. Das wollen wir sehen. Brot brauchen wir und grausame, blutige Spiele. "Wie schrecklich!", schrien sie – und reckten dabei die Hälse.

Einer von ihnen, dieser Simon

Dieser Simon aus Cyrenaika, einem Ort am Mittelmeer. Dort wohnte er, wo viele reiche Händler in bester Lage in ihren Sommervillen mit Meerblick ihr unbeschwert, reiches Leben genießen konnten. Wahrscheinlich war er einer von ihnen. Nun war er in Jerusalem, weil es sich gehörte, am Passahfest in Jerusalem zu sein.

Aber bevor es ans Feiern ging, musste Simon miterleben, wie sein Volk das Blut eines Zeitgenossen forderte und es auch fließen ließ.

Dren Gaffenden zogen sie hinein, erpressten ihn, das Kreuz zu tragen.

So schnell kann die Rolle gewechselt werden. Simon hat es miterlebt. Soeben noch ein Zuschauer, jetzt mitbeteiligt am blutigen Spiel.

Wie gesagt: Wir wissen nicht viel von ihm...

Markus erzählt,

dass Simon zwei Söhne hatte: Rufus und Alexander. Jene gehörten nach dem grausamen Ende und dem österlichen Neuanfang zur ersten Gemeinde. Was ihr Vater hier tut, bereitet ihnen den Weg dorthin. Simon, der Erste, der dem Christus Gottes das Kreuz nachträgt. Viele, viele werden ihm folgen.

Während Simon das Kreuz Jesu trägt, tragen wir unsere Kreuze. Ob es uns gelingt, zu unserem Kreuz unser Ja zu sagen? Unser Ja, nicht gezwungen, nicht gepreßt wie Simon? Wir wissen, wie schwer wir uns tun, zu dem, was unvermeidlich ist, zu dem, was uns auferlegt wurde und was nun zu uns gehört, unser "Ja, Vater. Ja" zu sagen.

Wer dem leidenden Christus nachfolgt, hört auf seine Worte.

"Wer sein Kreuz nicht auf sich nimmt und folgt mir nach, der ist meiner nicht wert. Wer sein Leben findet, der wird es verlieren, und wer sein Leben in meiner Nachfolge verliert, der wird es finden." [28]

"... Will jemand mir nachfolgen, der verleugne sich selbst und nehme sein Kreuz auf sich und folge mir." [29]

Wie das aussieht, hat Simon, der Kreuzträger, erfahren. Er musste tun, was er sich nicht ausgesucht hatte. Zum Fest war er gekommen und wollte feiern. Nun trug er das Kreuz – und bereitete damit den Weg vor, den seine Söhne in einem neuen, in einem anderen Leben gingen. Wir **"verleugnen uns selbst"**, wenn wir aufhören, ständig nur das zu tun, was *wir* tun wollen. Wir folgen nach und nehmen unser Kreuz auf uns, wenn wir nach unserer Bestimmung fragen und wenn es uns gelingt, den Weg der Bestimmung zu gehen... gegen den Weg unserer Pläne und Wünsche.

Gemeindelied: Herzliebster Jesu, was hast du verbrochen ... EG 81

FÜRBITTENGEBET

Jesus, unser Herr und Helfer,
alles gibst du hin:
Macht und Größe,
selbst deinen Leib und dein Leben,
damit wir frei werden.
Wir aber streben nach Ansehen und Einfluß
und suchen, einander ängstlich und abhängig zu machen.
Laß uns den Sinn deines Lebens und Leidens begreifen,
damit wir dir folgen und nahekommen.

---

[28] Matthäus 10,38
[29] Matthäus 16,24

Bleibe bei uns und stärke uns,
damit unser Leben und Leiden deine befreiende Liebe zeigt.
Allmächtiger Gott,
du hast deinen Sohn,
der gehorsam war bis zum Tode,
zu unserem Herrn gemacht;
ihm sollen wir folgen in der Kraft deines Geistes.
Hilf uns, einander zu dienen, wie er uns gedient hat.
Laß uns nicht allein,
wenn wir um seinetwillen bedrängt und verachtet werden.
Laß die Welt erkennen, dass er der Herr ist,
auch durch unsere Worte und Taten,
durch unser Leiden und Schweigen.
Wir beten für alle, die nach Gerechtigkeit hungern,
für die Opfer der Gewalt und des Krieges;
für die zu Unrecht Verfolgten, Verhafteten und Verurteilten;
für die Gequälten und Gefolterten;
für alle, die leiden, weil sie die Wahrheit sagen.
Gib, dass sie nicht umsonst leiden.

Gebetsstille

Vaterunser

Segen

Dritte Reihe:
Stationen des Passionsweges: 1 – Jesus in Gethsemane

Vorspruch:
In Jesu Namen. Amen

Allmächtiger, barmherziger Vater, du willst uns deine Kraft erfahren lassen in Kreuz und Leid. Wir bitten dich: Mach dein Wort in uns kräftig, damit wir in der Zeit des Leides nicht erliegen, sondern getröstet werden und mitten im Tod das Leben empfangen.
Durch unseren Herrn Jesus Christus, deinen Sohn, der mit dir und dem Heiligen Geist lebt und regiert von Ewigkeit zu Ewigkeit.

Ach Herr, strafe mich nicht in deinem Zorn
und züchtige mich nicht nach deinem Grimm.
Herr, sei mir gnädig, denn ich bin schwach;
Heile mich Herr, denn meine Gebeine sind erschrocken,
und meine Seele ist sehr erschrocken.
Ach du, Herr, wie lange?
Wende dich,Herr, und errette meine Seele;
hilf mir um deiner Güte willen.
Derr Herr hört mein Flehen;
mein Gebet nimmt der Herr an.

WOCHENSPRUCH

Seht, wir gehen hinauf nach Jerusalem, und es wird alles vollendet werden, was geschrieben ist durch die Propheten von dem Menschensohn. Lk 18,31

Wir betrachten den Schriftabschnitt, in dem Lukas uns das Gebet Jesu in der Gethsemane - Szene schildert:

Lukas 22, 39-46

Und er ging nach seiner Gewohnheit hinaus an den Ölberg. Es folgten ihm aber auch die Jünger. Und als er dahin kam, sprach er zu ihnen: Betet, damit ihr nicht in Anfechtung fallt! Und er riss sich von ihnen los, etwa einen Steinwurf weit, und kniete nieder, betete und sprach: Vater, willst du, so nimm diesen Kelch von mir; doch nicht mein, sondern dein Wille geschehe! Es erschien ihm aber ein Engel vom Himmel und stärkte ihn. Und er rang mit dem Tode und betete heftiger. Und sein Schweiß wurde wie Blutstropfen, die auf die Erde fielen. Und er stand auf von dem

Gebet und kam zu seinen Jüngern und fand sie schlafend vor Traurigkeit und sprach zu ihnen: Was schlaft ihr? Steht auf und betet, damit ihr nicht in Anfechtung fallt!

Jörg Zink erzählt: *"Von den Zenmeistern des Ostens lesen wir: Wenn sie ihre Stunde gekommen fühlten, luden sie ihre Schüler und Freunde ein zum geheiligten Tee. Vor aller Augen ließen sie sich dann in die große Stille, in die ihr ganzes Leben lang geübte Versenkung, d.h. in das Sterben des Ich, eingehen und kehrten diesmal einfach nicht mehr von dort zurück.*
Die Zenmeister sterben lächelnd. Sie tragen ihren Mittelpunkt in sich selbst. Jesus stirbt mit Zittern und Zagen und fleht, es möge ihm dieser Kelch erspart bleiben. Jesus trägt eben seinen Mittelpunkt nicht in sich selbst, sein Mittelpunkt liegt außerhalb seiner, im Willen Gottes. Und der Wille Gottes will, nicht seine, des Jesus von Nazareth, Vollkommenheit, sondern die Erlösung all jener Menschen, die nicht lächelnd zu sterben vermögen."[30]

Die Betrachtung der Schwachheit Jesu hilft uns sagen: Ich bin kein Held. Auch ich habe Angst. Todesangst. Auch mir graut vor dem, was da kommt. So sehr ich mich auch hier und da nach dem Ende sehne.
Wie es Jesus da in Gethsemane ums Herz war, so sieht es auch um mein Herz aus. Angst und Todesgrauen brauen sich da zusammen. Ich vermag auch nicht in heiterer Gelassenheit von meinen Freunden und Geschwistern, von Mann oder Frau, von Kindern und Enkelkindern Abschied zu nehmen. Von meinen Schmerzen, da würde ich mich gerne verabschieden. Von meinem Griesgram und von meiner Gebrechlichkeit auch. Aber wenn mich das alles nicht mehr belastete, dann würde ich gerne noch leben. Ja, gute und unbeschwerte Jahre, die hätte ich gerne. Gute und unbeschwerte Jahre, Jahre voller Glück, die hätte ich noch gerne vor mir. Das wäre mein Wunsch. Das wäre mein Wille.
Jesus konnte nach Gethsemane seinen Weg weitergehen. Er hatte durch sein Weinen und Beten "Ja" sagen gelernt und "Nein".
Nein zu dem, was ihm vorschwebte. Nein - zu seiner Todesangst. Nein - zum Todesgrauen.
Und Ja hatte er sagen gelernt, zu Gottes Weg. So wurde er wieder er selbst, er hatte seinen Mittelpunkt gefunden. Und dieser Mittelpunkt lag nicht in ihm, auch nicht in seinem Herzen, auch nicht in seinem Wollen. Der Mittelpunkt seines Lebens lag in Gottes Wollen. Ein Jesus, der auf seine innere Stimme gehört hätte, auf sein eigenes verzagtes Herz, der hatte keine Zukunft. Wir würden ihn nicht kennen.

---

[30] J. Zink, Erfahrung mit Gott S. 215

Der Jesus, der Zukunft bekam, der bekam sie, weil er sich einem fremden Willen anvertraute. Er sagte Ja zu dem, was Gott wollte - und sein Leiden ging weiter. Ja, es begann erst jetzt in seiner brutalsten Form. Es gab kein Vorbeischlängeln am Grauen des Todes. Aber der, der diesen Weg des Todes nun gehen konnte, der ging ihn, weil er wußte, dies ist Gottes Weg für mich.
Es klingt paradox, es klingt widersprüchlich und es widerstrebt unserem modernen Lebensgefühl; aber es ist so:
Jesus gewann Zukunft und Leben, indem er zu einem fremden Willen, dem Willen Gottes, Ja sagen lernte. Nicht zähneknirschend - wohl zagend, wohl trauernd - und Tränen flossen; denn er musste ja Abschied nehmen von seinen Vorstellungen, Abschied nehmen von seinem Wollen. Indem er dies tat, gewann er Freiheit und Leben. Indem er Ja sagte, gewann er ein Leben, das Zukunft hat. Freilich ein Leben, das nur durch die enge, grausame Pforte des Todes zu gewinnen war.
Jesus sagte Ja und sein Leiden nahm kein Ende.
Aber weil es der Weg Gottes war, zu dem er sein Ja fand, war dies ein Leben, das Zukunft hat.

Gemeindelied: Lasset uns mit Jesus ziehen ... EG 384

FÜRBITTENGEBET

Jesus, Herr und Bruder,
du bist den Weg des Leidens gegangen,
um Liebe in uns zu wecken,
du öffnest uns Blinden die Augen dafür,
daß wir eigensüchtig und träge sind.
Hilf uns tragen, was man uns auflädt,
hilf uns kämpfen gegen Unrecht und Lüge -
bei uns und in unserer Umwelt,
hilf uns Liebe üben -
in der Hoffnung, daß sie alles Böse überwindet.
Wir bitten, Herr, um deinen Geist.
Stärke und erneuere uns,
wandle unsere Herzen und Sinne,
daß wir der Zukunft trauen,
in die du uns führen willst.
Hilf allen Menschen, die leiden,

besonders denen,
die heimatlos, gefangen,
gefoltert und verfolgt sind.
Sei bei ihnen in ihrer Angst und Not,
stärke und tröste sie;
laß sie nicht verzweifeln,
sondern neuen Mut finden.
Herr, hilf uns und allen Menschen,
deiner guten Schöpfung zu dienen;
laß uns als deine Mitarbeiter und Mitarbeiterinnen
im Vertrauen zu dir deiner Liebe entsprechen.

Gebetsstille
Vaterunser
Segen

Stationen des Passionsweges: 2 – Gefangennahme

Vorspruch:
In Jesu Namen. Amen

Herr Gott, himmlischer Vater, du hast deinen Sohn in die Welt gesandt, dass er die Macht des Bösen besiege. Wir bitten dich: Stärke uns in aller Anfechtung, dass wir in seiner Kraft dem Feind widerstehen, ihn durch dein Wort überwinden. Durch ihn, unseren Herrn Jesus Christus, der mit dir und dem Heiligen Geist lebt und regiert von Ewigkeit zu Ewigkeit.

Wohl dem, dem die Übertretungen vergeben sind,
dem die Sünde bedeckt ist !
Wohl dem Menschen, dem der Herr die Missetat nicht zurechnet,
in des Geist kein Falsch ist !
Denn da ich's wollte verschweigen,
verschmachteten meine Gebeine durch mein täglich Heulen.
Darum bekannte ich dir meine Sünde
und verhehlte meine Missetat nicht.
Ich sprach: Ich will dem Herrn meine Übertretungen bekennen.
Da vergabst du mir die Missetat meiner Sünde.

Du bist mein Schirm; du wirst mich vor Angst behüten,

dass ich errettet, gar fröhlich rühmen kann.

WOCHENSPRUCH

Dazu ist erschienen der Sohn Gottes, dass er die Werke des Teufels zerstöre.

1. Joh 3,8

Johannes 18, 1-11

Als Jesus das geredet hatte, ging er hinaus mit seinen Jüngern über den Bach Kidron; da war ein Garten, in den gingen Jesus und seine Jünger. Judas aber, der ihn verriet, kannte den Ort auch, denn Jesus versammelte sich oft dort mit seinen Jüngern. Als nun Judas die Schar der Soldaten mit sich genommen hatte und Knechte von den Hohenpriestern und Pharisäern, kommt er dahin mit Fackeln, Lampen und mit Waffen. Da nun Jesus alles wusste, was ihm begegnen sollte, ging er hinaus und sprach zu ihnen: Wen sucht ihr? Sie antworteten ihm: Jesus von Nazareth. Er spricht zu ihnen: Ich bin's! Judas aber, der ihn verriet, stand auch bei ihnen. Als nun Jesus zu ihnen sagte: Ich bin's! , wichen sie zurück und fielen zu Boden. Da fragte er sie abermals: Wen sucht ihr? Sie aber sprachen: Jesus von Nazareth. Jesus antwortete: Ich habe euch gesagt, dass ich es bin. Sucht ihr mich, so lasst diese gehen! Damit sollte das Wort erfüllt werden, das er gesagt hatte: Ich habe keinen von denen verloren, die du mir gegeben hast.

Simon Petrus aber hatte ein Schwert und zog es und schlug nach dem Knecht des Hohenpriesters und hieb ihm sein rechtes Ohr ab. Und der Knecht hieß Malchus. Da sprach Jesus zu Petrus: Steck dein Schwert in die Scheide! Soll ich den Kelch nicht trinken, den mir mein Vater gegeben hat?

Wir wollen Jesu Leidensweg betrachten. Heute stehen wir an der 2. Station. Jesus begegnet seinen Häschern. Sie müssen ihn nicht fangen. Die, die Jesus nach dem Leben trachten, erleben Erstaunliches. Gewalt ist ihr Geschäft. Ihre Ausrüstung, mit der sie da in der Nacht anrücken, demonstriert es. "Unangemessene Polizeigewalt", so oder ähnlich, müsste der Pressebericht dieser nächtlichen Aktion überschrieben werden. Oder vielleicht auch so: "Gesuchter Landesverräter stellte sich. Ohne Widerstand konnte die Polizei den Gesuchten festnehmen." - Selbst diese Berichtszeile würde die Wahrheit nicht treffen. Suchen mussten sie ihn nicht. Jesus ging seinen Häschern entgegen:

"Wen sucht ihr? - Ich bin's!"

So handelt ein freier Mensch. So lässt dieser freie Mensch die, die ihm nach dem Leben trachteten, ins Leere laufen. Judas, der Verräter steht daneben. Ach Judas, Jesus kannst du gar nicht verraten. Jesus, den muss man nicht suchen. Jesus versteckt sich nicht. Die Dunkelheit ist nicht sein Metier. Ein freier Mensch, der seinen Weg gefunden hat, der geht ihn.

Ein freier Mensch geht seinen Weg - und die, die ihm nach dem Leben trachten, sehen alt aus. Sie müssen sich peinliche Fragen gefallen lassen; zum Beispiel die Frage: "Warum sucht ihr die Finsternis? Ich scheue das Licht nicht. Ich scheue die Öffentlichkeit nicht. Ich paktiere nicht mit der Nacht." - Und auch diese Feststellung macht sie verlegen: "Was sollen die Waffen? Steckt das Schwert in die Scheide!"

Ja, einen freien Menschen, der seinen Weg in aller Öffentlichkeit geht, den kann man weder im Dunkeln noch mit Waffengewalt in die Knie zwingen. Ein freier Mensch, entlarvt durch seine Offenheit, durch seinen geraden Weg die Dunkelmänner. Es ist, als wären die Rollen vertauscht. Nicht Jesus, der angeklagt wurde, nicht Jesus, den sie wie einen Schwerverbrecher suchen, sieht wie der Angeklagte aus - schwach, blamiert, ängstlich, um sein Leben wimmernd -, nein, Jesus, der Gefangengenommene, entlarvt durch schlichte, leise Fragen die Hinterlist und die gemeine Gewalt.

So stark ist der, der zum Verzicht bereit ist.

So stark ist der, der nicht Gewalt mit Gewalt antwortet. So stark ist der, der nach dem linken Wangenstreich, die Freiheit hat, die entblößte rechte Wange hinzuhalten. So stark ist der, der nach den Spielregeln der neuen Welt Gottes lebt.

Wir haben anderes gelernt. Und wir erleben tagtäglich anderes. Wir erleben, dass die Gewalttäter sich ihr Recht rauben. Wir erleben, dass Gewaltlosigkeit als Schwachheit und Dummheit verlacht wird. Erfolg hatte und hat, wer sich nimmt, notfalls raubt, was er haben will.

Und das erleben wir auch: Menschen versklaven Menschen, indem sie ihnen ihre Freiheit rauben. Menschen unterdrücken Menschen, indem sie ihnen einen neue Welt versprechen. Unter dem Vorwand, Neues und Gutes zu bringen, spielen sie aber das alte Spiel der Herrschaft und der Knechtung.

So lauten ihre Parolen: Wenn du deine Seele an den Führer verkaufst, wird dich der Führer in eine neue, bessere Zukunft führen. Diese Zukunft kostete 60 Millionen Menschen das Leben und uns die Ehre und viele Jahrzehnte die Freiheit.

Und auch diese Parole knechtete, indem sie Freiheit und Zukunft versprach: Die Partei, die Partei hat immer Recht. *Uns hilft kein Gott, kein Kaiser, kein Tribun, um uns aus dem Elend zu erlösen! Das musst du selber tun ...*
Was tatsächlich kam, war nicht das Ende des Elends. Was kam, war ein neues Kapitel der Elendsgeschichte. Auch dieses endete in Schutt und Asche.
Und auch diese Parolen knechten: Es sind die Parolen der Gurus, der Heiler und Gaukler. Sie fordern jeweils das Ende menschlicher Freiheit und Selbstbestimmung. Sie fordern die Übergabe des bisherigen Lebens an die Sekte, an die Gruppe, an den Führer...
Worin unterscheidet sich ihr Freiheitsverzicht von dem Weg, den wir an dieser Stelle betrachten? Hat nicht auch Jesus sein Leben ganz in Gottes Hände gelegt? Bewusst und gelassen ging er seinen Weg. Selbst die, die sein Leben bedrohten, machten ihm keine Angst. Worin sich sein Weg von den anderen Wegen unterschied? Nun, Jesus kannte den, dem er sich anvertraute. Jesus vertraute dem Vater. Jesus wußte, dass dieser Gott kein despotischer, begehrlicher, eigensüchtiger Tyrann ist. Der, dem er vertraute und den er liebevoll "Väterchen" nannte, will Frieden und will Leben bringen. Nicht Machtanspruch. Nicht Geltungssucht. Nicht Ausbeutung. Weil Jesus dies wußte und seinem Gott vertraute, darum konnte er sich hingeben. Nicht erpresst. Nicht erzwungen. *"Ja, Vater, ja von Herzensgrund, leg auf, ich will dir's tragen ..."* [31]

Diese Freiheit steckt an,

sie erwächst aus dem Vertrauen in Gott, der es gut mit uns und mit seiner Welt meint. Menschen waren und sind bereit, ihr Leben zu geben. So, wie Jesus sein Leben gab für seine Freunde, ja für die ganze Welt. Jesus erwartet keinen Verzicht als asketische Leistung. Jesus lebt aber vor, dass der, der dem guten Gott vertraut, die Freiheit gewinnt, sein Leben einzusetzen. Der gute Gott will, dass neues Leben beginnt. Wer sein Leben in Gottes Hand zurückgibt, der hat teil an dieser neuen Gotteswelt, in der uns Leben versprochen ist, das kein Ende kennt.

Gemeindelied: Ein Lämmlein geht und trägt die Schuld ... EG 38

Fürbittengebet

Gott, du stellst dich der Macht des Bösen entgegen.
Uns fehlt es an Kraft, dem Bösen zu widerstehen
und den Versuchungen standzuhalten.
Wir bitten dich: Stehe uns zur Seite,

[31] Paul Gerhardt, Ein Lämmlein geht und trägt die Schuld... EG 83,Vers 3

wenn Träume uns verführen
oder wenn die Lust an der Macht uns erfaßt.
Bewahre uns durch Jesus,
der dem Versucher widerstand.
Unser Weg hat eine neue Richtung,
weil du, Gott, uns in Jesus Christus begegnet bist.
Darum bitten wir dich
für Menschen, die kein Ziel haben, dass sie ihren Weg finden,
für Zweifelnde, dass sie entschiedene Schritte tun können,
für allzu Sichere, dass sie nachdenklich werden,
für Grübler, dass sie sich nicht verrennen.
Wir sind nicht allein,
weil Jesus ein Mensch war wie wir,
versucht und gefährdet.
Darum bitten wir dich,
dass wir die verstehen,
die in Gefahr sind, am Leben zu scheitern:
Kinder, die ohne Liebe aufwachsen,
Jugendliche, die keinen eigenen Platz
in unserer Welt finden,
arbeitsunfähige Menschen, die sich überflüssig vorkommen.
Du bist ihre Zuflucht.
Wir können gegen Mißbrauch der Macht angehen,
weil Jesus sich den Verlockungen der Macht widersetzte.
Darum bitten wir dich
um Mut zum Widerstand
und Geduld im Leiden für alle,
die Unrecht aufdecken und ihm widerstehen,
die sich der Macht nicht beugen
und auf Gewalt verzichten.
Du wirst uns beschützen,
dir verdanken wir Weg und Ziel.....

Gebetsstille

Vaterunser

Segen

Stationen des Passionsweges: 3 – Verhör

Vorspruch:

In Jesu Namen. Amen

Gott, unser Vater,
dein Erbarmen mit uns ist unbegreiflich.
Du schüttest deinen Zorn nicht über uns aus,
sondern überwindest unser Versagen, unsere Bosheit.
Wir bitten dich: Gib uns mehr Geduld mit uns selbst
und mehr Geduld mit den anderen,
damit wir einander davor bewahren, böse zu sein.
Wir bitten dich im Namen Jesu,
der mit dir und dem Heiligen Geist
lebt und regiert in Ewigkeit.

Herr, strafe mich nicht in deinem Zorn
und züchtige mich nicht in deinem Grimm.
Denn deine Pfeile stecken in mir,
und deine Hand drückt mich.
Es ist nichts Gesundes an meinem Leibe vor deinem Drohen,
und ist kein Friede in meinen Gebeinen vor meiner Sünde.
Denn meine Sünden gehen über mein Haupt;
wie eine schwere Last sind sie mir zu schwer geworden.
Ab ich harre, Herr, auf dich;
du, Herr, mein Gott, wirst erhören.
Verlaß mich nicht, Herr !
Mein Gott, sei nicht ferne von mir!
Eile, mir beizustehen,
Herr, meine Hilfe !

WOCHENSPRUCH

Gott erweist seine Liebe zu uns darin, daß Christus für uns gestorben ist, als wir noch Sünder waren. Röm 5,8

Lukas 23,1-25

Und die ganze Versammlung stand auf, und sie führten ihn vor Pilatus und fingen an, ihn zu verklagen, und sprachen: Wir haben gefunden, dass dieser unser Volk

aufhetzt und verbietet, dem Kaiser Steuern zu geben, und spricht, er sei Christus, ein König. Pilatus aber fragte ihn und sprach: Bist du der Juden König? Er antwortete ihm und sprach: Du sagst es. Pilatus sprach zu den Hohenpriestern und zum Volk: Ich finde keine Schuld an diesem Menschen. Sie aber wurden noch ungestümer und sprachen: Er wiegelt das Volk auf damit, dass er lehrt hier und dort in ganz Judäa, angefangen von Galiläa bis hierher. Als aber Pilatus das hörte, fragte er, ob der Mensch aus Galiläa wäre. Und als er vernahm, dass er ein Untertan des Herodes war, sandte er ihn zu Herodes, der in diesen Tagen auch in Jerusalem war. Als aber Herodes Jesus sah, freute er sich sehr; denn er hätte ihn längst gerne gesehen; denn er hatte von ihm gehört und hoffte, er würde ein Zeichen von ihm sehen. Und er fragte ihn viel. Er aber antwortete ihm nichts. Die Hohenpriester aber und Schriftgelehrten standen dabei und verklagten ihn hart. Aber Herodes mit seinen Soldaten verachtete und verspottete ihn, legte ihm ein weißes Gewand an und sandte ihn zurück zu Pilatus. An dem Tag wurden Herodes und Pilatus Freunde; denn vorher waren sie einander feind. Pilatus aber rief die Hohenpriester und die Oberen und das Volk zusammen und sprach zu ihnen: Ihr habt diesen Menschen zu mir gebracht als einen, der das Volk aufwiegelt; und siehe, ich habe ihn vor euch verhört und habe an diesem Menschen keine Schuld gefunden, derentwegen ihr ihn anklagt; Herodes auch nicht, denn er hat ihn uns zurückgesandt. Und siehe, er hat nichts getan, was den Tod verdient. Darum will ich ihn schlagen lassen und losgeben. Da schrieen sie alle miteinander: Hinweg mit diesem, gib uns Barabbas los! Der war wegen eines Aufruhrs, der in der Stadt geschehen war, und wegen eines Mordes ins Gefängnis geworfen worden. Da redete Pilatus abermals auf sie ein, weil er Jesus losgeben wollte. Sie riefen aber: Kreuzige, kreuzige ihn! Er aber sprach zum dritten Mal zu ihnen: Was hat dieser denn Böses getan? Ich habe nichts an ihm gefunden, was den Tod verdient; darum will ich ihn schlagen lassen und losgeben. Aber sie setzten ihm zu mit großem Geschrei und forderten, dass er gekreuzigt würde. Und ihr Geschrei nahm überhand. Und Pilatus urteilte, dass ihre Bitte erfüllt werde, und ließ den los, der wegen Aufruhr und Mord ins Gefängnis geworfen war, um welchen sie baten; aber Jesus übergab er ihrem Willen.

Im Glaubensbekenntnis sprechen wir: *"Gelitten unter Pontius Pilatus ..."* Er gilt als der Richter, der Jesus dem Tod überantwortet hat. So folgt diesem Namen die brutale Feststellung: *"gekreuzigt, gestorben, begraben ..."*

Nun haben wir aus dem Bericht des Lukas die ganze Verurteilungsgeschichte gelesen. Eine lange Geschichte. Nacheinander wurde Jesus von Instanz zu Instanz geschleppt:

Stand er zunächst *vor dem jüdischen Tribunal, dem Hohen Rat*, jener Instanz, die in Glaubensfragen entscheiden und innerjüdische Querelen aburteilen konnte, so genügte das diesen Anklägern nicht.

Der **"ganze Haufen stand auf und führte ihn zu Pilatus ..."** Er als *Statthalter des Kaisers* hatte die oberste Gerichtsbarkeit. Allerdings kümmerte er sich nicht um Glaubensfragen. Der Repräsentant der obersten Staatsgewalt hatte für Ruhe und Ordnung zu sorgen. Ihm führte man vor, wer sich wegen revolutionärer Umtriebe verdächtig gemacht hatte. Und einer, den sie "König der Juden" nannten, der musste verdächtig sein. Nur dem Pilatus war er nicht verdächtig genug. Er atmete auf, als er hörte, dass Jesu Heimat Galiläa sei. Für die Galiläer war Herodes zuständig, der Idumäer, der verhasste König der Juden, der selbst kein Jude war. Den gab es also auch noch. Und welch ein Glück, Herodes war zum Passahfest nach Jerusalem gekommen. Denn eitel war er, dieser verhasste Herodes. Hatte doch sein Vater, den man Herodes den Großen nannte, um das Volk freundlich zu stimmen, ihnen einen neuen Tempel gebaut. Nun zum Passahfest, da wollte der Sohn sehen, wie das Volk im Tempel den Gott der Väter verehrt und den König der Juden huldigt. Also, Herodes war da; ...

... *auf zur dritten Gerichtsinstanz. Herodes* - verhasst war er. Eitel war er. Schlitzohrig - und neugierig obendrein. Von diesem Jesus von Nazareth hatten Herodes Vater und Sohn schon viel gehört. Vater Herodes ließ in Bethlehem die Kinder ermorden, wollte er doch neben sich keinen anderen "König der Juden" dulden. Und dieser Herodes, der hatte schon den Vetter Jesu, den Täufer Johannes auf dem Gewissen. Nun endlich die Gelegenheit, den kennen zu lernen, der seit Jahrzehnten die Herrschaft der Herodianer erschüttert. Jesus aber gibt dem, der sich König der Juden nannte, keinen Anlass ihn zu verklagen. Was Herodes auch fragt, Jesus schweigt. Der Schweiger ignoriert die Macht des königlichen Richters - und jener fand: "... harmlos, dieser Jesus..." Und so trieb er seinen Spott mit ihm. Dann ließ er ihn laufen.

Er, Herodes, ließ ihn laufen. Das Volk und die Hohenpriester aber nicht ...

zurück zu Pilatus. Er sollte das Todesurteil fällen. Selbst war man zu feige, es zu tun. Man hätte es gekonnt. Stephanus wurde ja später gesteinigt. In religiösen Fragen hatte der Hohe Rat die Gerichtsbarkeit. Auch Todesurteile konnte er fällen und vollstrecken. Aber in diesem Fall wollte man es nicht. Diese Verantwortung sollte eine andere Instanz übernehmen; die verhasste Instanz, der Statthalter des Kaisers, Pontius Pilatus eben.

Ja, - so ist es mit unseren weltlichen Gerichten. Ja, so ist das mit unserer innerweltlichen Gerechtigkeit. Es hat da alles seine Ordnung. Und wer sich auskennt, wer Beziehungen hat und sie spielen lässt, der findet schon seinen Richter. Und sein Richter ist der, der das Urteil spricht, dass er gerne hören möchte.

So war es doch: Das Urteil über Jesus war längst gefällt. Nun suchte man nur noch einen Richter.

Die Richter der ersten Instanz klagen ihn als Gotteslästerer an. "Bist du der Christus?" - Hier antwortet Jesus. Er verweist auf die Werke des Christus." Antwortet doch selbst!" Aber dieses Gericht will nur wahrnehmen, was es wahrnehmen will. Während der Hohe Rat ihn verurteilt, während die Richter meinen, so seine Stimme zu besiegen, seine Werke zu vernichten, sieht Jesus in Gottes Zukunft hinein: "Ich werde sitzen zur Rechten der Kraft Gottes". - Der, den sie verurteilen, traut seinen Richtern nicht; er vertraut Gottes letzter, Gottes endgültiger Richterinstanz.

Und die Straße, der Mob treibt sein böses Spiel. Sensationen will er. Blut will er sehen. "Brot und Spiele" sollen ihm geboten werden. Seit jeher waren die Spiele, die den Haufen, den Mob fesselten und befriedigten, die blutigen Spiele des Henkers und die seiner Knechte. Der Verurteilte, der zum Tode Preisgegebene ist vogelfrei. Wer ihn verlacht, trägt keine Verantwortung mehr. Wer ihn schlägt, gib nur noch eins zusätzlich drauf. Wer hier seinen Tod fordert und schreit, "sein Blut komme über uns und unsere Kinder!", der heult mit der Meute der Wölfe.

Und die Meute bekommt, was sie will.

So fing es an: "Da beschlossen sie, dass sie ihn töteten." Und als sie den Richter gefunden hatten, mussten sie feststellen, dass der Richter nicht so wollte, wie sie wollten.

Er fand keine Schuld an Jesus.

Armer Pilatus. Wer hat dich nur in unser Glaubensbekenntnis gebracht? Gelitten hat Jesus unter dem Mob, unter dem Sog der Straße, unter den vielen, von denen keiner bereit war, Verantwortung zu übernehmen. Pilatus übernahm Verantwortung. "Pilatus urteilte so, dass ihre Bitte geschähe!" Pilatus gab dem Mob, was er wollte. Diese Schwäche des Pilatus zeigt die Gefährdung der Mächtigen. Sie bekommen Macht, dass sie "dem Menschen zugute" kommen soll, dem Schwachen, dem, der zu Unrecht angeklagt wird. Pilatus aber gebraucht seine Macht, um seine eigene Haut zu retten. So blieb er Freund des Kaisers; so wurde er Freund des Herodes. So entzog er dem, den er für schuldlos erkannte, seinen Schutz.

"Herzliebster Jesus, was hast du verbrochen, dass man ein solch hart Urteil hat gesprochen. Was ist die Schuld, in was für Missetaten bist du geraten?"[32]

[32] Johann Heermann, EG 81

Gemeindelied: Ach bleib mit deiner Gnade ... EG 347

FÜRBITTENGEBET:

Gott, unser Vater, wir danken dir,
daß dein Wort uns bis heute erreicht.
Du hast Jesus Christus, deinen Sohn,
als den Beweis deiner Liebe
zu den Menschen gesandt.
Er wurde verlacht,
er mußte leiden,
er wurde gekreuzigt.
Er stirbt noch heute unter uns,
wo Gewalt und Mißtrauen herrschen
und deine Botschaft abgelehnt wird.
Wir bitten dich:
Mach uns zu Boten des Evangeliums,
und schenke uns die Kraft deines Geistes,
daß wir den Mut nicht verlieren,
daß wir nicht gleichgültig werden,
wenn man von dir nichts mehr erwartet.
Wir wollen uns in die Verantwortung
für die Menschen rufen lassen,
weil wir sehen:
Viele verzweifeln, und niemand richtet sie auf;
viele fragen und bekommen keine Antwort;
viele leben und wissen nicht, warum;
viele sterben und haben keine Hoffnung.
Gott, für alle diese Menschen
beten wir zu dir und bitten dich:
Lehre uns die Sprache der Liebe,
damit wir ihnen ihr Elend tragen helfen.
So wird dein Friedensreich unter uns aufgerichtet.

Gebetsstille

Vaterunser

Segen

Stationen des Passionsweges: 4 – Verspottung

Vorspruch:

In Jesu Namen. Amen

Vor uns bist du, Gott.
Doch wir sehen zurück,
Erinnerungen halten uns fest.
Wir bitten dich:
Weite uns den Blick nach vorn,
dein Reich wahrzunehmen.
Beflügele unsere Phantasie,
das Mögliche zu entdecken und zu tun.
Festige uns im Glauben
durch Jesus Christus. – Amen -

Gott, sei mir gnädig nach deiner Güte
und tilge meine Sünden nach deiner großen Barmherzigkeit.
Wasche mich wohl von meiner Missetat
und reinige mich von meiner Sünde.
Denn ich erkenne meine Missetat,
und meine Sünde ist immer vor mir.
An dir allein habe ich gesündigt
und übel vor dir getan.
Schaffe in mir, Gott, ein reines Herz,
und gib mir einen neuen, gewissen Geist.
Verwirf mich nicht von deinem Angesicht
und nimm deinen heiligen Geist nicht von mir.
Tröste mich wieder mit deiner Hilfe
und mit einem freudigen Geist rüste mich aus.

WOCHENSPRUCH

Wer seine Hand an den Pflug legt und sieht zurück, der ist nicht geschickt für das Reich Gottes. Lk 9,62

Matthäus 27,27-30

Da nahmen die Soldaten des Statthalters Jesus mit sich in das Prätorium und sammelten die ganze Abteilung um ihn. Und zogen ihn aus und legten ihm einen Purpurmantel an und flochten eine Dornenkrone und setzten sie ihm aufs Haupt und gaben ihm ein Rohr in seine rechte Hand und beugten die Knie vor ihm und verspotteten ihn und sprachen: Gegrüßt seist du, der Juden König! und spieen ihn an und nahmen das Rohr und schlugen damit sein Haupt.

Paulus schrieb: **"Ich bringe euch Jesus - und zwar den Gekreuzigten"** und er fügte hinzu **"den Juden ein Ärgernis, den Griechen eine Torheit!"** (1. Kor 1)
Damit untertrieb er. Torheit und Ärgernis ist dieser Jesus von Nazareth, dieser "gekreuzigte Gott" [33] nicht nur den Juden und Griechen. Ein Blick nur in den reichlich ausgeschmückten Götterhimmel aller Religionen mag reichen: Ein gekreuzigter Gott, ein leidender Gottesknecht, ein Schmerzensmann, der sich verhöhnen, der sich schlagen und verspotten lässt, kommt da nicht vor. Zu allen Zeiten und an allen Orten suchten sich Menschen andere Götterbilder:
Die Ägypter huldigten ihrem Sonnengott Re, die Nabathaer stellten sich Gott in einem starken Adler vor, wieder andere wählten das kraftstrotzende Stierbild. Buddha ist wohlgenährt, in sich gekehrt und im wahrsten Wortsinn allem Weltlichen fern. Das Gegenbild des leidenden Gottesknechtes. Er weist den Weg, wie einer mitten in diesem "Jammertal", in dieser Welt der Leiden und Schmerzen, den Leiden und Schmerzen entfliehen kann. Für Buddha, nicht für Jesus gilt, dass er *"in der Welt der Welt entfloh".*
Jesus dagegen liegt quer zu all diesen Götterbildern und Gottesvorstellungen. Er ist nicht a u c h der Schmerzensmann, er ist Schmerzensmann von Anfang an. **"Er kam in sein Eigentum, aber die Seinen nahmen ihn nicht auf."** (Joh 1)
"Am Anfang der Stall am Ende der Galgen." [34] Das ist unser Gott. Nicht nur den Juden ein Ärgernis. Nicht nur den Griechen eine törichte Vorstellung. Ein Gott, der leiden und sterben kann, der passt nicht in den Himmel der Götter.
Aber der, der wegen seines Leidens und Sterbens nicht in den Himmel der Götter passt, den hat **"Gott erhöht und ihm einen Namen gegeben, der über alle Namen ist."**
Ein Gott der sich als Schmerzensmann zeigt und der sich im Kreuz definiert, der durchkreuzt damit alle bisherigen Vorstellungen von Göttern.
Unser Gott ist nicht nur der Allmächtige und Barmherzige, im Gekreuzigten ist er zugleich der Ohnmächtige, der in dieser Welt und der mit seinen Geschöpfen leidet. Gott ist der

[33] Formulierung nach J. Moltmann
[34] so der Titel der Übertragung des Matthäus-Evangeliums von Walter Jens;

Gehorsame bis zum Tod, wie das Lied singt - und Paulus verstärkt indem er ergänzt, **"ja zum Tode am Kreuz."**

Lange und ungebrochen hat die Christenheit diese törichte Nachricht nicht durchgehalten. In der christlichen Kunst ist der Gekreuzigte zugleich als der Erhabene, der Segnende, der Auferstandene dargestellt. Seit der Alten Kirche ist er der Weltenherrscher, der Panto- und Kosmokrator, nicht der Gekreuzigte das beliebteste christliche Symbol. Dabei ist seit Golgatha das Kreuz unser Zeichen; in der Botschaft des Paulus und in den Schilderungen der Synopitker [35] allemal. Nur wenige Darstellungen der reichhaltigen christlichen Kunstgeschichte zeigen ungeschminkt die Brutalität des Galgens. Was von der christlichen Kunst gesagt werden kann, das gilt auch von der Volksfrömmigkeit. Das Kreuz wurde und wird verziert, mit Perlen und Juwelen geschmückt und findet als Amulett, als Zierrat und Modedekor seine Käufer. Durch Jesus, dem gekreuzigten Gott, kommt Neues ins Leben hinein. Seit dieser Schmerzensmann mitten unter uns lebte, kann anders von Gott und vom Leiden gesprochen werden. Das, was bisher nicht zusammenzupassen schien, gehört seit Jesu Tagen zusammen.

Bisher wurde von dem Leidenden gesagt, was noch im Knecht-Gottes-Lied anklingt: **"Wir aber hielten ihn für den, der geplagt und von Gott geschlagen und gemartert wäre"** (Jes. 53,4). Der Leidende ist der, den der gerechte Gott straft, allenfalls der - so finden wir es bei Hiob -, den der rätselhafte Gott versuchen lässt. So oder so: Leiden war Strafe, Gottesstrafe oder Versuchung.

"Wer hat gesündigt, dieser oder seine Eltern?", so die Frage der Jünger angesichts eines Blindgeborenen. Jesu überraschende Antwort: Weder noch. **"Es sollen die Werke Gottes offenbar werden an ihm."** (Joh. 9,3) Und als Jesus von der Krankheit seines Freundes Lazarus hört, die gleiche Antwort: **"Diese Krankheit ist nicht zum Tode, sondern zur Verherrlichung Gottes ..."** (Joh 11,4). Seit Jesus gibt es das: Leiden, Krankheit, Schmerzen, ja Sterben und Tod sind für ihn keine Zeichen von Gottesstrafe oder Gottesferne. Sterben und Leiden kann wie Leben zur Verherrlichung Gottes dienen! **"Leben wir, so leben wir dem Herrn. Sterben wir, so sterben wir dem Herrn, so wir aber leben oder sterben, wir sind und bleiben des Herrn,"** kann Paulus schreiben; denn "denen, die Gott lieben, können alle Dinge zum Besten dienen." (Römer 8,28) Nichts und niemand, auch das Leiden, auch die Schmerzen nicht, trennen uns aus Gottes Macht- und Liebesbereich.

Albert Camus, der sich selbst als ein nachchristlicher Dichter und Philosoph versteht, behandelt das Thema des Leidens in dem er den alten Mythos des Sisyphos nacherzählt.

---

[35] Synoptiker: Die Evangelien von Markus, Matthäus und Lukas

Die Götter strafen Sisyphos, er soll eine absurde, ein nie zu vollendende Tat vollbringen. Sisyphos beginnt am Leben zu leiden. Da erwacht sein Bewusstsein. Er schlägt den Göttern ein Schnippchen. *"Sisyphos sagt ja - und sein Leiden kennt kein Ende ..."*[36] Was die Götter als Strafe ersannen, wird zur eigenen Tat.

Ja, so oder ähnlich wird die Frage des Leidens beantwortet. Buddha entflieht in der Welt dieser Welt mit ihren Leiden. Fakire üben die Beherrschung der Schmerzen. Der Dichter empfiehlt, die Strafe der Götter zu ignorieren um zum eigenen Schmerz und Leid ein Ja zu finden.

In Jesus, dem Schmerzensmann, finden wir eine andere Antwort. Es gibt in dieser Welt kein Vorbeischlängeln am Tal der Leiden und des Todes[37]. Aber Leiden und Tod sind weder Strafe noch geschehen sie in Gottesferne. Gott ist dabei, wo geschrieen und geweint, gelitten und gestorben wird. Auch in der Einsamkeit des Leidens und des Todes ist und bleibt Gott, wer er war, der Immanuel, der Gott, der bei uns bleibt.

Gemeindelied: Du großer Schmerzensmann ... EG 87

FÜRBITTENGEBET

Jesus Christus, ich komme zu dir,
ich gebe dir alles, was ich habe:
meine Hoffnung und meinen Zweifel,
meine Sehnsucht und meine Ohnmacht.
Sei mein Weg, meine Wahrheit,
hilf mir leben.
Herr Jesus Christus, wir bitten dich:
Nimm uns mit auf deinen Weg,
daß wir Liebe lernen und Frieden finden.
Wir bitten dich: Nimm uns mit auf deinen Weg,
daß wir lernen, zärtlich und einfühlsam zu sein,
und einander zu achten und zu beschützen.
Wir bitten dich: Nimm uns mit auf deinen Weg,
daß wir ehrlich und verantwortungsvoll unsere Arbeit tun,
daß wir uns fernhalten von unsauberen Geschäften
und für Gerechtigkeit eintreten.
Wir bitten dich: Nimm uns mit auf deinen Weg,

[36] Albert Camus, Mythos des Sysyphos
[37] Diese eindrückliche Formulierung habe ich bei Walter Zimmerli gefunden

daß die Herzen frei werden,
nicht gefangen durch Einfluß und Macht,
daß die Sinne klar bleiben,
nicht verblendet durch Geld und Besitz.
Wir bitten dich: Nimm uns mit auf deinen Weg,
daß dein Wort in unseren Worten widerklingt,
nicht leeres oder böses Geschwätz,
daß unser Reden hilfreich und befreiend ist,
dankbar gestimmt und voll Hoffnung.
Wir bitten dich:
Nimm uns mit auf deinen Weg,
als Gottes geliebte Kinder,
daß wir verwandelt werden aus Finsternis zum Licht.

Gebetsstille
Vaterunser
Segen

Stationen des Passionsweges: 5 – Verlassenheit

Vorspruch:
In Jesu Namen. Amen

Gott, in Jesus Christus gibst du dich ganz.
Manchmal fällt es uns schwer, darauf zu vertrauen,
daß aus seinem Sterben neues Leben erwächst.
Erweise uns die Hingabe deines Sohnes
als den Weg, dem wir folgen können:
durch Sterben zum Leben. -Amen-

Herr, höre mein Gebet
und laß mein Schreien zu dir kommen.
Verbirg dein Antlitz nicht vor mir in der Not, neige deine Ohren zu mir;
wenn ich dich anrufe, so erhöre mich bald.
Meine Tage sind dahin wie ein Schatten,
und ich verdorre wie Gras.

Du aber, Herr, bleibst ewiglich
und dein Gedächtnis für und für.
Du wollest dich aufmachen und über Zion erbarmen;
denn es ist Zeit, daß du ihr gnädig seist, und die Stunde ist gekommen.
Der Herr schaut von seiner heiligen Höhe,
und er sieht vom Himmel auf die Erde,
daß er das Seufzen des Gefangenen höre
und losmache die Kinder des Todes.

WOCHENSPRUCH

Wenn das Weizenkorn nicht in die Erde fällt und erstirbt, bleibt es allein; wenn es aber erstirbt, bringt es viel Frucht. Joh 12,24

Die Passion Jesu war von Beginn an "Abwendungsgeschichte",
eine Geschichte der Trennung. Angebotene Gemeinschaft wurde aufgekündigt. Wo dies geschieht, sprechen wir von Sünde; denn Sünde meint Trennung, meint Aufkündigung von angebotener Gemeinschaft. Und wo Gemeinschaft aufgekündigt wird, bleibt einer allein.
Je näher wir dem Kreuz treten, je deutlicher wird diese Trennung. Ein Evangelist, Johannes, erzählt die ganze Jesusgeschichte unter dieser Überschrift: **"Er kam in sein Eigentum und die Seinen nahmen ihn nicht auf!"** Mit anderen Worten: Die Jesusgeschichte macht Trennung, macht Sünde offenkundig.
Illustriert wird diese Abwendungsgeschichte in allen Evangelien: Jesus trifft auf eine zerstreute Herde. Jesus sucht das Verlorene. Jesus kommt und will neue Gemeinschaft stiften. **"Kommet her zu mir alle, die ihr mühselig und beladen seid!"** - Und was erfährt er? Er bittet seine Freunde in der Stunde der Not: **"Könnt ihr nicht eine Stunde mit mir wachen?"** - Sie konnten es nicht; er fand sie schlafend. (Mt 26,40.43) Und als man ihn wie einen Schwerstverbrecher fortführte, stellt der Evangelist lapidar fest: **"Da verließen ihn alle Jünger und flohen."** (Mt 26,56) Selbst Petrus, der Felsenmann, wurde zum Wackelpeter. Er leugnete vor einer macht - und einflusslosen Magd: **"Ich schwöre, ich kenne diesen Menschen nicht!"** (Mt 26,72)

Und unter dem Kreuz?

Die Vorübergehenden schüttelten den Kopf und spotteten: **"Steig doch herab!"** Und die Priester spotteten. Auch die verbrecherischen Leidensgefährten.
Das ist Einsamkeit pur. Da sind Menschen - aber sie wenden sich ab. Die Freunde verlassen ihn. Die Gleichgültigen stimmen ein in das Gespött der Massen. Die Einflussreichen spielen ihre vermeintliche Überlegenheit aus. Die Mitleidenden solidarisieren sich mit den

Spöttern. Da scheint keiner, keiner mehr auf Jesu Seite zu sein. Von allen verlassen. Und die, die er sieht, sie wenden sich gegen ihn.

Wer solches erfahren muss, der fühlt sich auch von Gott verlassen: **"Mein Gott, mein Gott warum hast du mich verlassen?"** Ist keiner, keiner für mich? Wenn schon kein Mensch bei mir ist, mein Gott, wo bist denn du?

Gibt es Schwereres, als in Not und Todesangst allein zu sein?

Indem Gott den Menschen anhauchte, wurde er zum lebendigen Wesen. Und seid wir so lebendige Wesen wurden, brauchen wir zum Weiterleben die spürbare Nähe, die ausstrahlende Wärme eines anderen Menschen. Wir brauchen Geborgenheit in jungen Jahren, auf der Höhe des Lebens und in Todesnot. Ein Kind sagt das so zur Mutter: "Wenn ich krank bin, brauche ich besonders viel Nähe", und dann kuschelt es sich ganz tief in den Mutterschoß. Und ein Sterbender wurde spürbar ruhiger, als seine Hand von einer Hand gehalten wurde und er die Stimme hörte: "Ich bleib bei dir!" Martin Buber, der liebenswürdige, der weise jüdische Philosoph hatte einen sehnlichen Wunsch: *"Ein Leben lang",* so sagte er, *"habe ich mit Büchern gelebt; aber im Sterben möchte ich die Hand eines lebenden Menschen spüren."* Einsamkeit ist nicht auszuhalten. Im Leben nur schwerlich; im Sterben schon gar nicht. Selbst dort, wo Menschen sich grausam an anderen Menschen rächen, indem sie das Todesurteil fällen, suchen sie einen Seelsorger, der den Todeskandidaten zum Schafott begleitet. Dietrich Bonhoeffer schreibt: *Nur wer in Gemeinschaft lebt, kann einsam sein. Nur wer einsam sein kann, der kann auch in Gemeinschaft leben.* [38]

So ist es. Wir Menschen brauchen beides: Erfahrbare Gemeinschaft, besonders in Not. Aber auch die Einsamkeit. Die Einsamkeit ist jener Raum, den Jesus suchte, wenn es ihm zu viel wurde. Als die Menschen ihn umlagerten, Brot und Spiele von ihm wollten, da **"entfloh er auf einen einsamen Berg und blieb dort, er allein."** (Joh. 6,15)

War er dort allein?

Ein Christ ist nirgendwo allein. Wie Jesus wissen wir uns auf dem Berg der Einsamkeit in Gott geborgen. Die Einsamkeit des Berges ist der Ort der Zwiesprache mit Gott, tatsächlich also ein Ort besonders intensiver Gemeinschaft. Was Jesus am Kreuz erleben musste, das war nicht diese Einsamkeit. Am Kreuz verlor er die Gottesnähe, da erlebte er Verlassenheit. Während er die Einsamkeit suchte, wenn er sie brauchte, wurde er in der Todesstunde von Menschen verlassen.

---

[38] D. Bonhoeffer, Gemeinsames Leben, S.64 f: "Wer nicht allein sein kann, der hüte sich vor der Gemeinschaft ... Wer nicht in der Gemeinschaft steht, der hüte sich vor dem Alleinsein..."; Kaiser München 1973

Das ist ein entscheidender Unterschied. *Einsamkeit* brauchen wir. Wir suchen sie. Manchmal wird es uns einfach zu viel. *Verlassenheit* aber erlebe ich, wenn ich Menschen brauche, wenn ich Nähe suche aber keinen finde, der sie mir gewährt.

Kann ich solcher Verlassenheit standhalten?

Kein Mensch kann das. Jesus hielt diese Verlassenheit nicht aus. Er schrie sie als Gott-Verlassenheit hinaus. Wer sich so von allen Menschen verlassen weiß, der spürt auch nichts vom Urgrund seines Lebens.

Indem Jesus seine Gott - Verlassenheit so herausschreit, vollzieht sich in seinem Sterben ein letzter, ein wichtiger Dienst: *Keiner von uns muss stärker als Jesus sein.* Wer sich verlassen fühlt, der soll es herausrufen. Auch wenn es klagend, ja an - klagend klingt, wie bei Jesus am Kreuz.. Wer so schreit, wer so klagt, der hat noch nicht aufgegeben. Solch ein Schrei aus der Verlassenheit heraus, ist ein Schrei nach Leben.

Wer so schreien kann, wer also mit – leben, mit anderen leben will, der bedenke und bete:

Herr, mach mich zu einem Werkzeug deines Friedens,
dass ich Liebe übe.
Ach Herr, laß du mich trachten, nicht dass ich getröstet werde,
sondern dass ich andere tröste,
nicht dass ich verstanden werde, sondern dass ich andere verstehe,
nicht dass ich geliebt werden, sondern dass ich andere liebe.
Denn wer da hingibt, der empfängt,
wer sich selbst vergisst, der findet,
wer verzeiht, dem wird verziehen
und wer da stirbt, der erwacht zum ewigen Leben. [39]

Gemeindelied: Nun gehören unsere Herzen ... EG 93

FÜRBITTENGEBET

Gott, du bist den Leidenden nah,
du bist den Weg des Leidens zu Ende gegangen,
durch den Tod hindurch zum Leben.
Wir fürchten um unser Leben, wenn wir hören und sehen,
was Menschen aushalten müssen, was ihnen zugemutet wird.
Wir erschrecken und hoffen, daß es uns nicht trifft.

---

[39] Normandie um 1913; früher Franz von Assisi zugeschrieben

Wir möchten glauben, daß du auch dann bei uns bist,
wenn wir Angst haben, wenn wir Schmerzen haben,
wenn wir mit uns nicht zurecht kommen.
Wir bitten dich für die Menschen,
die den Tod auf sich zukommen sehen:
Laß ihre Hoffnung wachsen und ihre Angst kleiner werden.
Wir beten für die Menschen, die in Ungewißheit leben,
die sich von Spannungen wie zerrissen fühlen:
Gib ihnen deinen Frieden, der alle Vernunft übersteigt.
Wir rufen dich an für die Verbitterten,
denen über ihrem Schicksal der Glaube zerbrochen ist:
Gib ihnen Menschen, durch die sie deine Liebe erfahren
wie ein Licht in ihrer Finsternis.
Wir bitten dich für die, denen ihr Leben sinnlos erscheint,
die es wegwerfen möchten:
Tritt ihnen in den Weg,
laß sie begreifen, daß sie für andere eine Hilfe sein können.
Gott, wir bitten dich für uns alle:
Wenn wir nicht wissen, warum dieses Unglück,
warum diese Krankheit, warum dieser Tod,
dann laß diese Fragen uns nicht von dir trennen.
Hilf uns glauben: Deine Liebe führt uns auch Wege,
die wir nicht verstehen,
durch den Tod hindurch zum Leben.

Gebetsstille

Vaterunser

Segen

Stationen des Passionsweges: 6 – Gedächtnis gestiftet

Vorspruch:

In Jesu Namen. Amen

Lebendiger Gott,
dein Sohn ist für uns gestorben, damit wir leben,

du leidest mit uns an dieser Welt.
Wir sehnen uns mit dir nach Gerechtigkeit und Frieden.
Damit aus Schreien der Verzweiflung und Angst
ein Loblied wachsen kann,
beten wir zu dir durch Jesus Christus. -Amen-

Herr, erhöre mein Gebet, vernimm mein Flehen um deiner Wahrheit willen,
erhöre mich um diener Gerechtigkeit willen
und gehe nicht ins Gericht mit deinem Knechte;
denn vor dir ist kein Lebendiger gerecht.
Errette mich, mein Gott, von meinen Feinden;
zu dir habe ich Zuflucht.
Lehre ich tun nach deinem Wohlgefallen; denn du bist mein Gott,
dein guter Geist führe mich auf ebener Bahn.
Herr, erquicke mich um deines Namens willen,
führe meine Seele aus der Not
um deiner Gerechtigkeit willen.

WOCHENSPRUCH

Der Menschensohn ist nicht gekommen, daß er sich dienen lasse, sondern daß er diene und gebe sein Leben zu einer Erlösung für viele. Mt 20,28

Am Abend des Gründonnerstag denken wir an das letzte Passahmahl, das Jesus mit seinen Jüngern feierte. Den ältesten Bericht über dieses Mahl finden wir bei Paulus :

1. Kor. 11, 23-26

Denn ich habe von dem Herrn empfangen, was ich euch weitergegeben habe: Der Herr Jesus, in der Nacht, da er verraten ward, nahm er das Brot, dankte und brach's und sprach: Das ist mein Leib, der für euch gegeben wird; das tut zu meinem Gedächtnis. Desgleichen nahm er auch den Kelch nach dem Mahl und sprach: Dieser Kelch ist der neue Bund in meinem Blut; das tut, sooft ihr daraus trinkt, zu meinem Gedächtnis. Denn sooft ihr von diesem Brot esst und aus dem Kelch trinkt, verkündigt ihr den Tod des Herrn, bis er kommt.

Merkwürdig: Indem wir zurückblicken, schauen wir zugleich auf den, der da kommt. So ist das in unserer gesamten christlichen Existenz, wir leben "zwischen den Zeiten". [40] Wenn wir uns als Gemeinde versammeln, hören wir auf die alten Geschichten. So ist das nicht nur bei uns Christen.

So ist das in allen Religionen. Religionsgemeinschaften sind Erzähl - und Erinnerungsgemeinschaften. [41] Dieser Bericht aber macht deutlich, dass damit noch längst nicht alles gesagt ist. Wir wiederholen das Abendmahl und wir erzählen einander, was Jesu Tod uns bedeutet, **"bis dass er kommt".** Durch diesen Einschub, durch diese vier Worte wird unsere Blickrichtung geändert. Wir erinnern uns nicht nur. Wir schauen nicht nur zurück. Wir erzählen nicht nur, wie das damals war.

Wir schauen nach vorn. Wir schauen über den Tellerrand unserer Geschichte auf das, was wir erhoffen. Und das ist nicht die ewige Wiederkehr des Gleichen. Dass nichts Neues unter der Sonne sei, das glaubte der Philosoph. [42] Dass sich in diesem Weltgeschehen alles nur wiederholt, so, wie wir es am der Kreislauf der Natur ablesen können, das glaubten die alten Griechen. Leben war nicht auf das Neue, das Überraschende, auf die große Veränderung aus. Leben war das ewig sich wiederholende *"Stirb und Werde".* Hoffnung war ein Fremdwort; denn wo einer hofft, muss es eine Verheißung geben. Und der Inhalt der Verheißung muss über das hinausgehen, was es bislang gab.

Wenn wir glauben, dass es nichts Neues unter der Sonne gibt, leben wir ohne Verheißung und ohne Hoffnung.

Wenn wir glauben, dass sich in unserem Leben und in diesem Weltgeschehen, alles nur nach dem Naturgesetz von "Stirb und Werde", von Untergang und Neuanfang richtet, dann leben wir ohne Verheißung und ohne Hoffnung.

Wir haben aber eine Hoffnung, weil wir eine Verheißung haben.

Die Geschichte der Verheißung begann mit Abraham. Abraham hörte Gottes Stimme und gehorchte ihr. Abraham machte sich auf, verließ seine Heimat, sein Vaterhaus, seine Freunde und vertraute der Verheißung, dass er Träger des Segens für viele wird. Abraham traute der göttlichen Stimme, die ihm versprach: Du wirst ein Volk, so zahlreich wie die Sterne am Himmel, so zahlreich wie das Sand am Meer.

Fügen wir aber zugleich hinzu: An der alten Abrahamgeschichte können wir lernen, wie Verheißung und Erfüllung in Spannung stehen. Lange musste Abraham auf den Sohn der Verheißung warten. Und großen Landbesitz erwarb er nicht, nur eine Grabkammer für sei-

[40] so der Titel einer Zeitschriftenreihe der dialektisch - theoloischen Schule; W. Kreck gibt seiner Eschatologie den schönen Titel: "Die Zukunft des Gekommenen", Kaiser, München 1966

[41] H. Halbfas definiert in seinem Buch: Religion, Kreuz-Verlag 1976, Religionen auch als Erzählgemeinschaften, S. 40

[42] Prediger 1,9

ne Totenruhe. Bevor er dann alt und lebenssatt seine Augen schloss, war nur wenig, ganz wenig von der großen Verheißung erfüllt. Dennoch: Abraham starb alt und lebenssatt. Er führte kein trügerisches Dasein. Er saß keinem Scharlatan auf, als er sein neues, auf Verheißung und Hoffnung ausgerichtetes Leben begann. Ihm reichte, dass er eine Verheißung hatte. Ihm reichte, was er sah: Den Sohn der Verheißung, im hohen Alter gezeugt, die kleinen Zeichen am Wege, die ihm versicherten: Es ist gut, auf diese Stimme zu hören, gut diesem Gott sich anzuvertrauen. Später, viel später wird Abrahams Volk und mit ihm die Christenheit singen:

"Lobe den Herrn, den mächtigen König der Ehren... Lobe den Herren. Alles was Odem hat, lobe mit Abrahams Samen... "[43]

Was Abrahams Augen noch nicht sahen, sehen wir heute. Die Verheißung hat sich erfüllt. Es war gut, dass Abraham der Stimme Gottes vertraute. Es war gut, die Verheißung brauchte Hoffnung in das alte Leben hinein. Warum in diesem Zusammenhang die Erinnerung an diese Geschichte?

Im Abendmahl wiederholt sich, was Abraham zuerst erfuhr.

Zwar sind wir Erinnerung- und Erzählgemeinschaft. Wir erinnern uns in diesen Tagen an Jesu Leiden, Tod und Auferstehen; wir erinnern uns, indem wir die alten Geschichten erzählen. So verkündigen wir den "Tod des Herrn". Aber der, an den wir uns erinnern, hat noch eine unendliche Geschichte mit uns vor. Er ist ja nicht nur der Gewesene, der Vergangene, der Jesus von damals. Jesus kommt. Jesus wartet auf uns. Jesus erwartet uns. Und wenn er wiederkommt, kommt mit ihm, was er versprochen hat: Gottes neue Welt. Eine Welt ohne Leid. Eine Welt ohne Trauer. Ohne Enttäuschungen, weil diese neue Welt, eine Welt ohne Täuschungen ist. Eine offene Welt ohne Hinterlist und ohne Betrügereien und deshalb eine Welt ohne Leid und ohne Tränen. Eine neue, unendliche Geschichte erwartet uns da. Kein "Stirb und Werde". Der Tod hat ausgespielt. Nur Leben wird sein, unendliches Leben eben, in einer endlosen Geschichte. Neues wird unter der alten Sonne passieren, wirklich Neues; Neues, das diesen Namen verdient.

So hoffen Christen seit 2ooo Jahren. Wo ist das Neue?

Abraham bekam Zeichen: Der Sohn der Verheißung war da und als Landbesitz eine Grabeshöhle. Kleine Zeichen für eine große Verheißung.

In der Eucharistie, geht es auch um kleine Zeichen für eine große Verheißung.

"Dies Brot, für euch gegeben ... Dieser Kelch ist der Neue Bund ..."

[43] Joachim Neander, EG 317,5

Indem wir uns an Jesu Tod erinnern und dann auch das kleine Stücklein Brot und den einen Schluck aus dem Kelch trinken, bekommen wir, was Abraham auch bekam: Ein kleines Angeld auf das, was uns allen verheißen ist.
Klein und bescheiden. Kaum zu glauben, aber wahr: In diesen Zeichen ist uns alles gegeben, worauf wir hoffen, durch diese Zeichen beginnt Gottes neue Welt in unserem alten Leben. Ihm dürfen wir glauben.

Gemeindelied: Das sollt ihr, Jesu Jünger, nie vergessen ... EG 221

FÜRBITTENGEBET

Jesus, unser Herr und Helfer,
alles gibst du hin:
Macht und Größe,
selbst deinen Leib und dein Leben,
damit wir frei werden.
Wir aber streben nach Ansehen und Einfluß
und suchen, einander ängstlich und abhängig zu machen.
Laß uns den Sinn deines Lebens und Leidens begreifen,
damit wir dir folgen und nahekommen.
Bleibe bei uns und stärke uns,
damit unser Leben und Leiden deine befreiende Liebe zeigt.
Allmächtiger Gott,
du hast deinen Sohn,
der gehorsam war bis zum Tode,
zu unserem Herrn gemacht;
ihm sollen wir folgen in der Kraft deines Geistes.
Hilf uns, einander zu dienen, wie er uns gedient hat.
Laß uns nicht allein,
wenn wir um seinetwillen bedrängt und verachtet werden.
Laß die Welt erkennen, daß er der Herr ist,
auch durch unsere Worte und Taten,
durch unser Leiden und Schweigen.
Wir beten für alle, die nach Gerechtigkeit hungern,
für die Opfer der Gewalt und des Krieges;
für die zu Unrecht Verfolgten, Verhafteten und Verurteilten;
für die Gequälten und Gefolterten;

für alle, die leiden, weil sie die Wahrheit sagen.
Gib, daß sie nicht umsonst leiden.

Gebetsstille

Vaterunser

Segen

4

Stationen des Passionsweges: 7 – Es ist vollbracht

Vorspruch:
In Jesu Namen. Amen

Wir schauen auf das Kreuz. Wir sehen Jesus leiden und sterben: Jesus, für uns in den Tod gegeben. Gott, hilf uns das Wort vom Kreuz hören und annehmen.

Fürwahr, er trug unsre Krankheit
und lud auf sich unsre Schmerzen.
Wir aber hielten ihn für den, der geplagt
und von Gott geschlagen und gemartert wäre.
Aber er ist um unsrer Missetat willen verwundet
und um unsrer Sünde willen zerschlagen.
Die Strafe liegt auf ihm,
auf daß wir Frieden hätten,
und durch seine Wunden sind wir geheilt.

TAGESSPRUCH

Also hat Gott die Welt geliebt, dass er seinen eingeborenen Sohn gab, damit alle, die an ihn glauben, nicht verloren werden, sondern das ewige Leben haben.

Joh 3,16

Joh. 19,28

Danach, als Jesus wußte, dass schon alles vollbracht war, spricht er, damit die Schrift erfüllt würde: Mich dürstet.

Ob der am Kreuz Sterbende das gesprochen hat?

Nein, das kann keiner sprechen. Wem der Durst die Kehle zuschnürt, der röchelt. Der flüstert. Der lechzt. Ob wir wissen, was Durst ist? Durst in der Stunde des Todes? Wohl kaum einer von uns weiß es. Ich fürchte, viele von uns haben diese Erfahrung noch vor sich. - Den Durst anderer, in ihrer Sterbestunde, den haben wir miterlebt. Das Röcheln des Todes. Die flache Stimme, die nur noch vernommen werden kann, wenn ich nah, ganz nah mein Ohr an die verklebten Lippen halte.

Tritt der Durst bei einem Sterbenden ein, dann dauert es nicht mehr lange. Dann kommt das Fieber. Halluzinationen. Irreden. Und schließlich: Bewußtlosigkeit.

Wer die Lippen ein klein wenig befeuchtet, sieht, wie Erleichterung eintritt. Erleichterung, mehr nicht. Aber: Erleichterung in der Stunde des Todes, ich denk, das ist schon was!

Aber unaufhaltsam verlöscht vor unseren Augen das Leben. Ohne Flüssigkeitszufuhr schnürt sich die Kehle zu; ... Das alles in Jerusalem. Das alles im Frühjahr. Das alles in der Mittagshitze.

Wer am Kreuz hängt, verdurstet. Oder er stirbt an Atemstillstand.

Johannes, der Evangelist, scheint das zu wissen. Als Jesus wußte, dass alles vollbracht war, spricht er**: Mich dürstet**.

Nun beginnt die letzte Phase des Todes. Unaufhaltsam der Prozeß des Sterbens; des Vertrocknens gar. Nur wenige haben gewagt zu beschreiben, was tatsächlich geschah. Die meisten Abbildungen übermalen die Schrecken des Todes. Mathis, der Maler, hat es gewagt. Und Paul Gerhardt, der Dichter, in einem einzigen Vers*: "Die Farbe deiner Wangen, der roten Lippen Pracht ist hin und ganz vergangen; des blassen Todes Macht hat allen hingenommen, hat alles hingerafft, und daher bist du kommen von deines Leibes Kraft!"* [44]

So ist die Stimme zum Schweigen gebracht worden, die das Leben - und nichts als das Leben ansagte. Ein überschäumendes Leben, ohne Grenzen. Ein überfließend gerüttelt Maß.

Mich dürstet, lechzt der Verschmachtende am Stamm. Es gab Zeiten, da hat er anderes gesprochen.

Es gab Zeiten, da klang seine Stimme fest und lockend. Zeiten, in denen nicht nur die unmittelbar am Kreuz Stehenden die gebrochene, flüsternde Stimme vernahmen. Viele, viele hörten den Lockruf des Lebens: Wer an mich glaubt, wie die Schrift sagt, von dessen Leib werden Ströme lebendigen Wassers fließen. Und: Wer von dem Wasser trinkt, das ich gebe, den wird in Ewigkeit nicht dürsten.

Was für ein Lockruf mitten in der Dürre des Lebens. Was für eine Aussicht für müde und matt Gewordene!

---

[44] Paul Gerhardt, O Haupt voll Blut und Wunden ... EG 85,3

Und nun verschmachtet, vertrocknet der am Kreuz, der für alle Ewigkeit die Frische des Lebens versprach. Widerspruch? - Ins Unrecht gesetzt? - Am Ende wurde es offenbar, dass es Talglicht und nicht Wachslicht war ... So mögen die Spötter sprechen. Die Heutigen. Und die Damaligen.

Wer die neue Welt Gottes verspricht, kann doch nicht im Gestrüpp der alten zugrunde gehen. Schon gar nicht so.

Die Irritation des Karfreitags bleibt. Sie bleibt, weil wir dem ein einzigen Sohn Gottes zum Trotz, von unseren Götzenbildern nicht lassen. Die Bilder unserer Götzen sind stark, strahlend, schön unüberwindlich und nie auf Hilfe angewiesen. Sie werden nicht geboren. Sie brauchen nicht die schützende Hand der Mutter. Sie werden nicht krank. Sie haben keine Angst. Sie weinen nicht. Sie sterben nicht. Eben in alledem: Supermann pur!

Wie anders das Bild, das Gott selbst in diese Welt zeichnet. Ein Mensch. Wie jeder andere auch. *Geboren, nicht geschaffen.* Von einer Mutter umsorgt. Weinend in Ängsten. Müde nach getaner Arbeit. Sich nach Stille sehnend nach einem hektischen Tag. Und durstig in der Stunde des Todes.

So ist Gott mitten unter uns. So - und nie anders. Dem Menschsein ausgeliefert wie wir. Der Ohnmacht des Sterbens ausgeliefert. Der Helfer als Hilfsbedürftiger!

So durchkreuzt Gott selbst unsere Götzenbilder. Nehmt doch endlich, endlich wahr: Ich bin nicht der Supermann, nicht der Übergott droben im Himmel, weit entfernt.

Ich bin der Gott für euch. Ich bin der heruntergekommene Gott; der Gott mitten unter euch.

Nicht euren Götzenbildern, aber ihm, dem heruntergekommenen Gott, dem werden sich **alle Knie beugen, die im Himmel und auf Erden und unter der Erde sind**. Nun hab ich Paulus zitiert.

Eigenartig. Wie kann so einem Gott, dessen Geschichte zum Verwechseln unserer Geschichte gleicht, die Zukunft gehören ...?

Wie kann der Verschmachtende, der Verdurstende am Kreuz, Gottes Ebenbild sein?

Schon wieder Paulus: **Den Griechen eine Torheit. Den Juden ein Ärgernis.** Und uns Heutigen? Ich denke, Beides zugleich. Der gekreuzigte Gott, Ärgernis und Torheit bis zum heutigen Tag.

Johannes, der Evangelist, konnte das alles nur verstehen, indem er auf die Verheißung hörte. Darin dem Matthäus gleich.

Johannes sagt: Jesus sprach: **Mich dürstet!** - und darin erfüllte sich die Schrift.

An welche Schrift denkt er?

Nun an dem Psalm 22. Wir nennen ihn, "den Leidenspsalm Jesu". An Jesus hatten die Psalmbeter noch nicht gedacht. Aber sie dachten an einen, den sie "den Gerechten" nannten. Gerecht ist einer, der auf Gottes Stimme hört. Und der nicht nur hört und dann vergißt, sondern der hört und tut, was Gott erwartet.

Gottes erstes Volk wußte schon, was das für Folgen in dieser Welt hat. **Der Gerechte muß viel leiden!** Das wußten sie, obwohl sie sich anderes ersehnten.

In einem Leidensgesang hören wir die Klage des Gerechten. Ob Jesus, der diesen Psalm kannte, ihn am Kreuz zu seinem Klagelied hat werden lassen? Viel spricht dafür. Dieser wie jener weiß sich in großer Not von Gott verlassen. Und dann heißt es im Psalmbuch:

"Meine Kräfte sind vertrocknet wie eine Scherbe und meine Zunge klebt mir am Gaumen, und du legst mich in den Todes Staub." (Psalm 22,16)

Aber nun lest auch weiter. Hier dürfen wir nicht enden. Weder hier noch da. Im Psalmbuch kommt es zur Wende. Der Leidende blickt über den Rand des Todes hinaus:

"Hilf mir aus dem Rachen des Löwen. Ich will deinen Namen kundtun ... ich will dich in der Gemeinde rühmen. Die Elenden sollen essen, dass sie satt werden; und die nach dem Herren fragen, werden ihn preisen. Vor ihm werden die Knie beugen alle, die zum Staub hinabfahren und ihr Leben nicht konnten erhalten." (Psalm 22,22-23)

Das ist ein neuer Ton in der Klage des Leidenden. Hier beginnt ein neues Lied schon mitten im alten, in Gottes erstem Bund. Hieß es vormals: **Die Toten können dich nicht preisen**, dann wird hier in der Klage schon anderes vernommen: Die Elenden sollen essen und satt werden. Die nach dem Herren fragen, werden ihn preisen. Da macht auch der Tod keinen Strich durch diese Rechnung. Die in Todesstarre liegen, werden der Starre zum Trotz ihre Knie beugen und das Loblied singen. Das wohl älteste Lied im neuen Bund nimmt auf, was dieser Beter bekannte: Da heißt es: Vor Christus, dem heruntergekommenen Gott, werden sich **"beugen aller Knie, die im Himmel und auf Erden und unter der Erde sind und alle Zungen werden bekennen, daß Jesus Christus der Herr sei zur Ehre des Vaters."**(Phil 2)

Die Kirchenväter haben wieder und wieder vom *"Geheimnis des Glaubens"* gesprochen. Indem sie das taten, waren sie zu recht weise Männer. Es ist und bleibt ein Geheimnis vor dem wir schon jetzt unsere Knie beugen, dass der, der in alle Ewigkeit ein unaufhörliches Loblied zu hören bekommt, der ist, der Mensch wie du und ich wurde, der geboren wurde und der qualvoll starb. Versucht nicht vorschnell zu enträtseln, was ein Geheimnis ist und bleibt. Dass Gott der Gekreuzigte, der Verdurstende ist, ist und bleibt Ärgernis und Torheit

zugleich. Oder ein Grund zum Loben. Was Martin Luther angesichts des Weihnachtswunders sang, das möchte ich auch unter dem Kreuz anstimmen:
"Das hat er alles uns getan, sein groß Lieb zu zeigen an. Des freu sich alle Christenheit und dank ihm des in Ewigkeit." [45]
Herr Jesus Christus, der du in göttlicher Gestalt warst, du hieltest es nicht für einen Raub, Gott gleich zu sein, sondern entäußertest dich selbst, und nahmst Knechtsgestalt an, warst den Menschen gleich und der Erscheinung nach als Mensch erkannt. Du erniedrigtest dich selbst und warst gehorsam bis zum Tode, ja zum Tode am Kreuz.
Darum hat dich auch Gott erhöht und hat dir den Namen gegeben, der über alle Namen ist, dass in deinem Namen sich beugen sollen aller derer Knie, die im Himmel und auf Erden und unter der Erde sind, und alle Zungen bekennen sollen, daß du der Herr bist, zur Ehre Gottes, des Vaters. (nach Phil 2, 6-11)
Herr Jesus Christus, du hast aus Liebe den Tod auf dich genommen, wir bitten dich: Laß uns bei dir bleiben und aus deiner Liebe leben.

Gemeindelied: Ein Lämmlein geht und trägt die Schuld 83

FÜRBITTENGEBET

Vater, wir danken dir und beten dich an:
Du hast deinen Sohn für uns sterben lassen,
und durch sein Kreuz sind wir versöhnt.
Herr Jesus Christus, wir danken dir und beten dich an:
Dein Tod hat den Tod überwunden,
deine Liebe gibt uns für immer Leben.
Herr, Heiliger Geist, wir danken dir und beten dich an.
Du stehst uns bei in Not und Angst,
du hältst uns mit allen, die glauben,
in der Liebe des Vaters und an der Seite des Sohnes.
Herr, drei einiger Gott,
wir danken dir und beten dich an.
Bewahre uns vor Stolz und Übermut.
Stärke uns und hilf uns im Leiden,
dass wir unser Kreuz tragen können
und die Hoffnung nicht verlieren.
Unter dem Kreuz deines Sohnes,

---

[45] Martin Luther, Gelobet seist du, Jesu Christ ... EG 23,7

der unsere Schuld trug, damit wir frei sind,
beten wir zu dir, barmherziger Gott:
Sieh an die Menschen,
die in unserer Welt täglich zu Opfern werden:
auf unseren Straßen kommen sie zu Tode
durch eigene Unachtsamkeit und die von anderen.
Für sie, ihre Angehörigen,
aber auch für die Verursacher bitten wir:
Gott, erbarme dich.
Sieh an die Menschen,
die mit ihrem Leben nicht zurecht kommen,
die sich verweigern,
langsam an Drogen zugrunde gehen.
Für sie, ihre Angehörigen,
aber auch für die, die damit gewissenlos Geschäfte machen, bitten wir:
Gott, erbarme dich.
Sieh an die Menschen, die nichts haben als das nackte Leben -
die fliehen müssen vor Gewalt, Terror, Hunger und Krieg,
die auf der Suche nach einer Zuflucht ihr Leben riskieren.
Für sie, ihre Familien,
aber auch für die, die kaltblütig Menschen ihren Interessen opfern, bitten wir:
Gott, erbarme dich.
Sieh an, die gegen ihren Willen zu Tätern werden
und andere zu Opfern machen -
weil sie zu wenig wissen über die weltweiten Zusammenhänge
von Armut und Reichtum,
weil sie zu beschäftigt sind mit eigenen Fragen,
weil sie sich unter Druck fühlen und meinen,
Konflikte nicht durchstehen zu können -
Für sie und für die, die dadurch zu Opfern werden, bitten wir:
Gott, erbarme dich.
Sieh an, die sich freiwillig opfern für andere,
die ihr Leben einsetzen, um andere zu retten:
Laß das Gute gelingen, was sie um anderer willen tun.
Für sie, aber auch für die, die anderen Lasten aufbürden, bitten wir:

Gott, erbarme dich.

Sieh an die Tiere, unsere Mitgeschöpfe,
deren Leben, deren Angst, deren Qual für nichts geachtet ist,
deren Wert nur nach ihrem Nutzen berechnet wird.
Für sie und für die Menschen,
deren Herzen abgestumpft und kalt sind
für die Leiden der Kreatur, bitten wir:

Gott, erbarme dich.

Unter dem Kreuz deines Sohnes,
der unsere Schuld trug,
damit wir frei sind,
danken wir dir, barmherziger Gott:
für das Opfer seines Lebens,
das er für uns gebracht hat,
damit die Welt durch seine Liebe heil würde.

Gebetsstille

Vaterunser

Segen

MIX
Papier aus verantwortungsvollen Quellen
Paper from responsible sources
FSC® C105338

Printed by Books on Demand GmbH, Norderstedt / Germany